本书由教育部国别和区域研究中心（备案）——云南师范大学孟加拉湾地区研究中心、云南师范大学柬埔寨研究中心、云南师范大学中国西南对外开放与边疆安全研究中心开放基金和云南省哲学社会科学创新团队"云南跨省级合作发展研究创新团队"项目资助

开放经济背景下云南新型城镇化战略研究

饶 卫 编著

Kaifang Jingji Beijingxia
Yunnan Xinxing Chengzhenhua Zhanlüe Yanjiu

中国社会科学出版社

图书在版编目（CIP）数据

开放经济背景下云南新型城镇化战略研究/饶卫编著． —北京：中国社会科学出版社，2019.10
ISBN 978 – 7 – 5203 – 0209 – 8

Ⅰ. ①开⋯　Ⅱ. ①饶⋯　Ⅲ. ①城市化—发展战略—研究—云南　Ⅳ. ①F299.277.4

中国版本图书馆 CIP 数据核字（2017）第 071229 号

出版人	赵剑英
责任编辑	卢小生
责任校对	冯英爽
责任印制	王　超
出　版	中国社会科学出版社
社　址	北京鼓楼西大街甲 158 号
邮　编	100720
网　址	http://www.csspw.cn
发行部	010 – 84083685
门市部	010 – 84029450
经　销	新华书店及其他书店
印　刷	北京明恒达印务有限公司
装　订	廊坊市广阳区广增装订厂
版　次	2019 年 10 月第 1 版
印　次	2019 年 10 月第 1 次印刷
开　本	710×1000　1/16
印　张	14.25
插　页	2
字　数	213 千字
定　价	80.00 元

凡购买中国社会科学出版社图书，如有质量问题请与本社营销中心联系调换
电话：010 – 84083683
版权所有　侵权必究

前　言

云南，位于中国西南边陲，地处东亚、南亚、东南亚的结合部，在历史上就是中国面向南亚和东南亚开放与交流的前沿地区之一，从2000多年前的"南方丝绸之路"到其后开辟的"茶马古道"，从20世纪初滇越国际铁路的开通再到抗战生命线——滇缅公路的抢修，云南一直都是中国西南同南亚、东南亚国家和人民之间相互交流及交融的纽带之一。怒江—萨尔温江连接中国云南和缅甸，元江—红河流经中国云南和越南，发源于青藏高原的澜沧江—湄公河连通了中国云南、缅甸、老挝、泰国、柬埔寨和越南，浇灌出中南半岛灿烂的文明，也孕育了澜沧江—湄公河沿岸人民"同饮一江水、命运紧相连"的兄弟情谊，更是中国同周边国家共建"命运共同体"的实践场。近年来，依托中国—东盟自由贸易区、大湄公河次区域合作、中国—南亚博览会、澜沧江—湄公河，云南同世界的联系日益紧密。尤其是随着国家"一带一路"倡议的加速推进，云南作为"21世纪海上丝绸之路"、孟中印缅经济走廊、中国—中南半岛经济走廊的交会地带，作为泛亚铁路网的主要出境通道和面向南亚、东南亚的辐射中心，云南开放发展的区位优势更加明显，成为新时期中国对外开放的前沿地带。

城镇化是工业化、非农化为主要特征的区域社会经济发展到一定阶段的必然产物，同时也是区域社会经济发展水平的重要表征。改革开放以来，云南的城镇化水平获得了显著提高，但由于受到地理环境、经济基础、制度空间的综合制约，云南的城镇化水平依然较低。从城镇化率来看，2015年，全国常住人口的平均城镇化率为56.10%，云南城镇化率为43.33%，云南省城镇化率比全国平均水平低12.77个百分点；从城镇化道路来看，长期以来，云南省城镇化道路依然走的是传统的城镇化道路，传统城镇化面临的主要矛盾与困境在云南依然存在。

2010年以来，全球政治经济形势进入新的一轮调整期，中国宏观经济步入"新常态"发展阶段，一是经济增长从此前的高速增长转为中高速增长；二是经济结构和产业结构不断优化升级，第三产业消费需求逐步成为主体，城乡区域差距逐步缩小，居民收入占比上升，改革发展成果进一步惠及全体人民；三是经济发展从要素驱动、投资驱动转向创新驱动。中国经济进入"新常态"后，客观上要求"调结构转方式"，才能推动社会经济和城镇化持续发展。面对新时期全面建成小康社会决胜阶段复杂的国内外形势，面对当前经济社会发展中面临的新趋势、新机遇、新矛盾和新挑战，习近平总书记坚持以人民为中心的发展思想，鲜明地提出了创新、协调、绿色、开放、共享的"五大新发展理念"。"五大新发展理念"既对破解新时期宏观经济发展难题、增强发展动力、厚植发展优势具有重大指导意义，同时也对新型城镇化具有普遍指导价值。创新发展要求城镇化不能再走传统城镇化道路，而新型城镇化战略本身就是发展理念的创新，也是发展模式的创新，是城镇化转型升级的新方向。协调发展要求新型城镇化进程中区域协调，城乡协调，第一、第二、第三产业发展协调，提升城镇化的发展质量。绿色发展要求实现产业发展、生活富裕、生态良好的资源节约型、环境友好型城镇化。开放发展是拓展经济发展空间、提升开放型经济发展水平、夯实新型城镇化经济基础的必然要求，同时也要求新型城镇化更加注重构建开放发展空间，走全方位开放之路，形成开放发展的大格局。共享发展是社会主义制度的本质要求，同时也指明了新型城镇化要惠及全体人民，使全体人民共享改革开放和新型城镇化的成果。因此，面对云南新型城镇化的道路需求与道路选择，基于创新、协调、绿色、开放、共享的发展理念，本书提出了"开放经济背景下的云南新型城镇化战略研究"这一选题。

本书遵循"理论与基础—现状与问题—形势与战略—探索与实践"的研究思路，全书分为四篇，共8章。第一篇为理论与基础，包括第一章和第二章。第一章在对开放经济的概念进行界定、对国内外相关研究进行述评、对新型城镇化的概念进行解读、对新型城镇化的特征进行概括的基础上，重点对开放经济与新型城镇化之间的相互关系进行分析。第二章重点对云南开放经济发展条件和发展基础、开放经济背景下云南新型城镇化基础进行综合分析。第二篇为现状与问题，包括第三章和第四章。第三章首先从总体水平、横向比较、空间差异和规模分布四个方面对云南城镇化发展水平进行了对比分析，同时应用构建的评价指标体系和评价模型对云南城镇化发展质量进行了评价和比较，在此基础上，进一步探讨了云南城镇化的发展动力。第四章基于第三章云南城镇化发展现状评价结果，对比新型城镇化的内涵，主要从城镇建设中的突出问题和人口城镇化中的突出问题两个层面分析云南城镇化进程中存在的主要问题，为后续章节提出解决对策提供对照和参考。第三篇为形势与战略，包括第五章、第六章和第七章。第五章主要从国际经济转型、"一带一路"倡议、云南"三大定位"等方面分析了云南新型城镇化外向型发展面临的机遇，同时还从周边国家的局势、周边省区的竞争、国内经济发展进入"新常态"等方面分析云南新型城镇化面临的挑战。第六章在对云南新型城镇化战略转型的内涵进行解读的基础上，进一步分析云南新型城镇化战略转型面临的挑战，在此基础上提出了云南新型城镇化战略转型的框架。第七章重点从新型城镇化的交通支撑，外向型交通网络空间布局与优化、新型城镇化的空间格局，外向型城镇体系空间布局与优化、新型城镇化的产业支撑，外向型支撑产业空间布局与优化三个方面提出了开放经济背景下云南新型城镇化战略选择与布局。第四篇为探索与实践，包括第八章。第八章首先对国家新型城镇化试点的背景进行分析，在此基础上对云南新型城镇化试点的进展进行了梳理，最后以云南省红河州新型城镇化试点工作为例，对云南新型城镇化试点的典型案例进行分析。

目　录

第一篇　理论与基础

第一章　开放经济与新型城镇化理论解读 …………………… 3

第一节　开放经济的理论基础 ………………………………… 3
  一　开放经济概念的界定 …………………………………… 3
  二　开放经济的经典理论 …………………………………… 4
第二节　新型城镇化理论基础 ………………………………… 4
  一　城镇 ……………………………………………………… 5
  二　城镇化 …………………………………………………… 5
第三节　开放经济与新型城镇化的关系 ……………………… 7
  一　开放经济对新型城镇化的影响 ………………………… 7
  二　新型城镇化对开放经济的推动 ………………………… 10

第二章　开放经济背景下云南新型城镇化发展基础 ………… 11

第一节　云南开放经济发展条件与发展基础 ………………… 11
  一　云南开放经济发展条件 ………………………………… 11
  二　云南开放经济发展基础 ………………………………… 17
第二节　开放经济背景下云南新型城镇化发展基础 ………… 26
  一　"一带一路"倡议为云南新型城镇化建设
     提供了战略机遇 ………………………………………… 27
  二　经济发展水平提升为云南新型城镇化发展

　　　　提供了物质保证……………………………………………… 29
　　三　基础设施建设为云南新型城镇化发展提供了
　　　　硬件支持…………………………………………………… 34
　　四　特色民族文化为云南新型城镇化发展提供了独特的
　　　　气质与风貌………………………………………………… 38
　　五　教育资源配置为云南新型城镇化发展
　　　　提供动力支撑……………………………………………… 40

第二篇　现状与问题

第三章　云南城镇化发展水平 …………………………………… 47

第一节　云南城镇化发展水平 ………………………………… 47
　　一　总体水平：明显低于全国平均水平…………………… 47
　　二　横向比较：与发达地区差距明显……………………… 49
　　三　空间差异：内部发展不均衡…………………………… 50
　　四　规模分布：城镇等级体系不合理……………………… 51

第二节　云南城镇化发展质量 ………………………………… 53
　　一　综合评价体系构建……………………………………… 53
　　二　赋权方法与数据说明…………………………………… 58
　　三　云南城镇化发展质量评价……………………………… 60

第三节　云南城镇化发展动力 ………………………………… 68
　　一　以市场机制为主的原动力……………………………… 68
　　二　以政府推动为辅的策动力……………………………… 71
　　三　以区域特色为翼的新动力……………………………… 75

第四章　云南城镇化进程中存在的主要问题…………………… 78

第一节　城镇建设中的主要问题 ……………………………… 78
　　一　城镇化水平偏低………………………………………… 78
　　二　建设用地集约利用程度有待于提高…………………… 82

三　城镇化建设中的基础设施不完善……………………83
　　四　生态破坏与环境污染治理的任务依然艰巨…………85
第二节　人口城镇化进程中的主要问题………………………86
　　一　人户分离或户籍人口城镇化问题较为突出…………87
　　二　农民工子女教育隔离问题依然存在…………………90
　　三　人口老龄化速度加快…………………………………90
　　四　人口城镇化与土地城镇化速度不匹配………………91

第三篇　形势与战略

第五章　开放经济背景下云南城镇化发展的新形势………95
第一节　云南新型城镇化外向型发展面临的机遇……………96
　　一　国际经济转型…………………………………………96
　　二　"一带一路"倡议的实施……………………………98
　　三　云南省的"三大定位"………………………………98
第二节　云南新型城镇化发展面临的挑战……………………99
　　一　周边国家的局势………………………………………99
　　二　周边省区的竞争………………………………………101
　　三　国内经济发展进入"新常态"………………………102

第六章　云南新型城镇化战略转型………………………………105
第一节　云南新型城镇化战略转型的内涵……………………105
　　一　战略与战略转型的含义及其基本特征………………105
　　二　云南新型城镇化战略转型的内涵……………………106
第二节　云南新型城镇化战略转型面临的挑战………………106
　　一　城镇化与资源环境之间的矛盾显现…………………106
　　二　产业层次不高和结构性问题突出……………………108
　　三　城镇化水平低和城镇体系结构失衡…………………115
　　四　区域与城乡间经济发展的差距较大…………………117

　　　　五　交通与城镇基础设施建设相对滞后 …………… 118
　　第三节　云南新型城镇化战略转型的框架 ………………… 119
　　　　一　战略转型的基本思路、理念和目标 …………… 119
　　　　二　新型城镇化战略转型的基本方向 ……………… 121
　　　　三　新型城镇化战略转型的支撑体系 ……………… 124

第七章　开放经济背景下云南新型城镇化战略布局 ………… 130
　　第一节　新型城镇化的交通支撑：外向型交通网络
　　　　　　空间布局与优化 …………………………………… 130
　　　　一　外向型交通走廊建设 …………………………… 130
　　　　二　综合交通运输网络建设 ………………………… 137
　　第二节　新型城镇化的空间格局：外向型城镇体系
　　　　　　空间布局与优化 …………………………………… 140
　　　　一　"两大经济走廊"沿线城镇空间布局 ………… 140
　　　　二　"三带"沿线的城镇布局 ……………………… 143
　　　　三　六大城市群空间布局 …………………………… 146
　　第三节　新型城镇化的产业支撑：外向型支撑产业
　　　　　　空间布局与优化 …………………………………… 156
　　　　一　传统优势产业的布局与优化 …………………… 156
　　　　二　战略性新兴产业的布局与优化 ………………… 171
　　　　三　区域特色优势产业的布局与优化 ……………… 177

第四篇　探索与实践

第八章　云南新型城镇化探索与实践 …………………………… 187
　　第一节　新型城镇化试点的背景 …………………………… 187
　　　　一　中国城镇化进展与水平 ………………………… 187
　　　　二　传统城镇化面临的突出矛盾与问题 …………… 190
　　　　三　国家新型城镇化试点及其进展 ………………… 192

第二节　云南新型城镇化试点进展 …………………… 196
　一　积极申报和参与国家新型城镇化试点 ………… 196
　二　综合试点地区的地域特色进一步凸显 ………… 197
　三　试点工作取得阶段性进展 ……………………… 198
第三节　云南新型城镇化试点的典型案例
　　　　——红河州新型城镇化试点工作进展 ……… 199
　一　综合试点地区：红河州的基本州情 …………… 200
　二　新型城镇化综合试点进展 ……………………… 205
　三　新型城镇化试点中的部分典型案例 …………… 208

参考文献 ……………………………………………… 214

后　记 ………………………………………………… 216

第一篇 理论与基础

第一章　开放经济与新型城镇化理论解读

作为人类的主体聚落形式之一，城镇是人类社会经济发展到一定阶段的产物，其本身就是以城镇为中心、以周边地域为外围的一种相互联系、相互作用的开放经济关系。新型城镇化是相对于传统城镇化而言的，其与传统城镇化注重土地城镇化和经济城镇化的最大差别在于，新型城镇化是一条注重"以人为本、'四化'同步、开放发展、优化布局、生态文明、文化传承"的中国特色城镇化道路。在新型城镇化的内涵中，开放发展是其本质要求和内容。因此，在全面展开本书之前，有必要对开放经济、新型城镇化及其两者之间的相互关系进行解读和分析。

第一节　开放经济的理论基础

开放是与封闭相对而言的，自从工业革命以来，世界逐渐进入一个大经济体系之中，对外开放与发展成为各主要国家发展经济的主要路径，但西方国家提出开放发展也有其深厚的理论基础。

一　开放经济概念的界定

开放经济与封闭经济相对，开放经济的概念缘起于现代意义上的国际贸易。工业革命以来，随着国际贸易或区际贸易传统的货物贸易发展到资本、技术以及劳动力等领域，开放经济就以更广义的概念取代了自由贸易。1983年版的《现代经济学辞典》将开放经济定义为"参与国际贸易的一种经济。某种经济的开放程度大致等于其对外贸易部门占国内生产总值（GDP）的比例"。这一定义也界定了一国或者—区域对外开放程度的度量方式。马伯钧（1997）在总结西方开放经济定义的基础上把开放经济界定为四个层次，即参与国际贸易的经济，自由贸易（外贸）的经济，国际贸易和国际金融的经济，生产、交换、分配、消费国际化的经济。① 本书认为，开放经济是与封闭经济相对的经济发展形态、模式和路径，其最本质的要义是一国或一地区面向国内外（区内外），充分利用国内外（区内外）两种资源，充分面向国内外（区内外）两大市场，把本国（本区域）经济发展主动融入国际经济发展和区域经济发展，实现本国（地区）的比较优势，促进本国（地区）社会经济的发展。

二 开放经济的经典理论

现代意义上的开放经济理论缘起于亚当·斯密（Adam Smith）和大卫·李嘉图（David Ricardo）为代表的自由贸易学说。亚当·斯密在其《国民财富的性质和原因的研究》一书中提出了绝对优势理论。大卫·李嘉图则在其代表作《政治经济学及赋税原理》一书中提出了国家间开展贸易的比较成本贸易理论（后人称为"比较优势理论"）。其后，伊利·赫克歇尔（Eli F. Heckscher）和俄林（Bertil Ohlin）相继发表了《外贸对收入分配的影响》《地区间贸易与国际贸易》等著作，提出了著名的 H—O 理论（要素禀赋理论）。诺贝尔奖获得者伊·普里高津（Ilya Prigogine，1984）基于耗散结构理论和非平衡学研究，从系统动力学角度解释了开放发展的必要性。杰弗里·萨克斯（Jeffrey Sachs）（2004）指出，开放经济是商品和生产要素在国际上流动的经济形态，一国或一区域对外开放的程度取决于该国或该区域的经济发展参与和依赖国际市场的程度。

第二节 新型城镇化理论基础

由于传统城镇化出现和面临的问题越来越突出，这引起了中央的

---

① 占丰城：《开放经济视角下舟山海洋产业升级研究》，硕士学位论文，浙江大学，2015年。

高度关注。在 2013 年 12 月 12—13 日召开的中央城镇化工作会议上，习近平总书记和李克强总理分别做了重要讲话。在这次会议上，提出了推进城镇化的主要任务，强调了中国城镇化发展的"稳中求进"、努力实现"人的城镇化"等方针。会议要求，要紧紧围绕提高城镇化发展质量，稳步提高户籍人口城镇化水平；要大力提高城镇土地利用效率和城镇建成区人口密度；要以人为本，推进以人为核心的城镇化，提高城镇人口素质和居民生活质量，把促进有能力在城镇稳定就业和生活的常住人口有序实现市民化作为首要任务。① 之后，2014 年 3 月，中共中央、国务院印发了《国家新型城镇化规划（2014—2020 年）》，提出了走"以人为本、'四化'同步、优化布局、生态文明、文化传承"的中国特色新型城镇化道路②，核心是强调了人的城镇化，总体要求是"稳中求进"，这标志着中国城镇化发展的重大转型。

一　城镇

一般而言，城镇包括城市和镇，是以非农业人口为主，具有一定工商业规模的居民点。在中国，镇又有建制镇和集镇之分。建制镇是指经各省、自治区、直辖市人民政府批准设立的镇。根据 1993 年《村庄和集镇规划建设管理条例》的规定："集镇是指乡、民族乡人民政府所在地和经县级人民政府确认由集市发展而成的作为农村一定区域经济、文化和生活服务中心的非建制镇。"

二　城镇化

城镇化"Urbanization"这个概念最初是西方学者用来描述工业革命之后的人口流动及产业变迁的进程和状态。较早使用"Urbanization"概念的是 19 世纪 60 年代西班牙人塞达（A. Serda），他在《城市化基本理论》一书中用来描述从乡村到城市的演变过程，包括人们由原来的农业生产及农业社会生活方式向工业生产以及工业社会生活方式的转变过程。

---

① 《中央城镇化工作会议在北京举行》，《人民日报》2013 年 12 月 15 日。
② 新华社：《中共中央、国务院印发〈国家新型城镇化规划（2014—2020 年）〉》，http://www.gzny.gov.cn/tbgz/2014-03-19/24502.html，2014 年 3 月 19 日。

《中共中央关于全面深化改革若干重大问题的决定》为中国城镇化建设提出了要求，指明了方向，明确要求"坚持走中国特色新型城镇化道路，推进以人为核心的城镇化"。

《国家新型城镇化规划（2014—2020年）》指出，要走"以人为本、'四化'同步、优化布局、生态文明、文化传承"的中国特色新型城镇化道路。这高度概括了新型城镇化的基本特征。

新型城镇化是以人为本、公平共享的城镇化。新型城镇化以人的城镇化为核心，合理引导人口流动。同时，有序推进农业转移人口市民化，稳步推进城镇基本公共服务常住人口全覆盖。此外，要求不断提高人口素质，促进人的全面发展和社会公平正义，使全体居民共享现代化建设成果。

新型城镇化是"四化"同步、统筹城乡的城镇化。新型城镇化要求推动信息化和工业化深度融合、工业化和城镇化良性互动、城镇化和农业现代化相互协调，促进城镇发展与产业支撑、就业转移和人口集聚相统一，促进城乡要素平等交换和公共资源均衡配置，最终形成以工促农、以城带乡、工农互惠、城乡一体的新型工农、城乡关系。

新型城镇化是优化布局、集约高效的城镇化。新型城镇化要求根据资源环境承载能力构建科学合理的城镇化宏观布局，以综合交通网络和信息网络为依托，科学规划建设城市群，严格控制城镇建设用地严格规划，严格划定永久基本农田，合理控制城镇开发边界，优化城市内舱间结构，促进城市紧凑发展，提高国土空间利用效率。

新型城镇化是生态文明、绿色低碳的城镇化。新型城镇化把生态文明理念全面融入城镇化进程，着力推进绿色发展、循环发展、低碳发展，节约集约利用土地、水、能源等资源，推动形成绿色低碳的生产生活方式和城市建设运营模式。

新型城镇化是文化传承、彰显特色的城镇化。新型城镇化要求根据不同地区的自然历史文化禀赋，体现区域差异性，提倡形态多样性，防止千城一面，发展有历史记忆、文化脉络、地域风貌、民族特点的美丽城镇，形成符合实际、各具特色的城镇化发展模式。

第三节 开放经济与新型城镇化的关系

《国家新型城镇化规划（2014—2020 年）》提出，构建以陆桥通道、沿长江通道为两条横轴，以沿海、京哈京广、包昆通道为三条纵轴的"两横三纵"城镇化战略格局。因此，新型城镇化本身即是开放性的城镇空间布局。

一 开放经济对新型城镇化的影响

党的十八大提出走"以人为核心"的新型城镇化道路，要求破除城乡二元结构，实现城乡一体化，而不是搞盲目的"自我造城"运动。我国新型城镇化是在开放条件下进行的城镇化，而对外开放对新型城镇化也提出了内在要求。改革开放以来，中国逐步形成了全方位的对外开放格局，历经 40 年，我国已深深融入世界经济体系之中，世界的发展离不开中国，中国的发展也不能脱离世界。新型城镇化除受经济发展、产业升级、人口流动等因素的影响外，还受经济开放程度尤其是外商直接投资和国家开放政策的影响。

（一）外商直接投资与新型城镇化

作为对外开放的重要组成部分，外商直接投资在促进中国经济发展的同时，对我国新型城镇化建设也发挥着重要的影响和作用。外商直接投资能带来资金、技术、人才、管理经验等经济发展急需的生产要素，不仅对我国的经济增长、资本积累、产业结构升级有促进作用，而且有助于推进我国土地开发利用和完善规章制度。这些因素又可以直接或间接地推动城镇化发展。因此，外商直接投资正在通过多种机制促进城镇化的发展。

当然，外商直接投资对我国城镇化建设也产生了一些消极影响，比如，加大了不同区域间城镇化水平的差距、加剧了部分城市的"过度城市化"现象、造成环境污染和资源枯竭问题等。

（二）"一带一路"倡议与新型城镇化

2013 年 9 月和 10 月，习近平主席在访问哈萨克斯坦和印度尼西亚时先后提出与相关国家共建"丝绸之路经济带"和"21世纪海上丝绸之路"的重大倡议，得到国际社会高度关注。共建"一带一路"是中国为推动经济全球化深入发展而提出的国际区域经济合作新模式，其旨在促进经济要素的有序自由流动，资源高效配置和市场深度融合，推动沿线各国实现经济政策协调，开展更大范围、更高水平、更深层次的区域合作。[①] 2014年3月，中共中央、国务院联合发布的《国家新型城镇化规划（2014—2020年）》，是今后一个时期指导全国城镇化健康发展的宏观性、基础性规划。"一带一路"倡议与"新型城镇化"这两个新时期国家战略如何对接与融合发展成为重要命题。"一带一路"建设将对我国城镇化发展格局产生重大影响。

1. 沿边地区城镇化发展获得重要机遇

"一带一路"倡议的实施标志着中国从"引进来"转向以"中国'走出去'"为鲜明特征的全球化新阶段的到来，进而形成高水平"引进来"和大规模"走出去"的共同融合发展。中国陆地边界线漫长，邻国众多。"一带一路"倡议及其"六大经济走廊"的推进，使沿边地区在"一带一路"建设中的地缘价值凸显。因此，中国与周边国家合作潜力巨大，沿边省区成为"一带一路"建设和"六大经济走廊"建设的重要前沿区域，不同省区面向周边国家积极参与到中—蒙—俄、新亚欧大陆桥、中国—中亚—西亚、中巴、孟中印缅、中国—中南半岛经济走廊建设中。

截至2014年，我国沿边地区有271个一类口岸，公路、铁路、内河、海运和航空口岸分别为68个、20个、52个、68个和63个。[②] 国家发展改革委、外交部、商务部联合发布的《推动共建"丝绸之路经济带"和"21世纪海上丝绸之路"的愿景与行动》中提出，要加强相关口岸建设，加强内陆口岸与沿海、沿边口岸通关合作。在内陆沿边地区，口岸及其口岸城市是中国面向内陆开放的重要门户，同时

---

① 新华社：《推动共建"丝绸之路经济带"和"21世纪海上丝绸之路"的愿景与行动》，http://www.mnw.cn/news/china/878066-2.html，2015年3月28日。

② 《2016年"一带一路"建设对我国城镇化格局的可能影响》，http://www.cnrencai.com/zhongguomeng/444931.htm。

也是沿边省区、市县、乡镇开展边境贸易和进行跨国合作的重要平台,"一带一路"倡议的实施和"六大经济走廊"建设将给沿边口岸及其口岸城市带来新的发展机遇,沿边地区可以主动融入"一带一路"和"六大经济走廊"建设中,积极参与对外合作与国际分工,扩大出口规模,加快沿边地区社会经济发展。因此,在"一带一路"倡议背景下,口岸城市及沿边地区未来将在基础设施、商贸物流、跨境合作等多方面获得新的发展机遇,促进对外开放水平提升。

2. 进一步加快中西部地区城镇化进程

《国家新型城镇化规划(2014—2020 年)》中提出,要引导约 1 亿人在中西部地区就近城镇化,而"一带一路"倡议实施将进一步加快中西部地区与新型城镇化规划的衔接。中西部地区在新一轮的区域竞争与发展中,将通过交通等基础设施的互联互通、资源的合作开发、贸易与投资的自由化等"一揽子"安排,推动亚欧经济一体化,促进创建亚欧大陆自由贸易区。① 国家为提升西部地区对外开放水平,国务院批准了广西东兴、云南瑞丽、内蒙古满洲里重点开发开放试验区建设实施方案。提出经过十年左右的努力,在体制机制创新、对外经贸合作、基础设施建设、特色优势产业发展、城乡统筹发展、保障改善民生、生态环境保护等方面取得成效②,这些都将有效地推进中西部地区新型城镇化进程。

3. 促进我国城镇化趋向全面均衡发展

国务院总理李克强关注到中国人口分布的"胡焕庸线"规律,提出"中西部如东部一样也需要城镇化,我们是多民族、广疆域的国家,要研究如何打破这个规律,统筹规划,协调发展,让中西部百姓在家门口也能分享现代化"。这引起了学术界和社会公众的广泛关注。"一带一路"倡议的实施将会促进中西部地区的基础设施建设,提高经济活跃度和国际化水平,吸引人口、资金、技术向中西部地区转移

---

① 《2016 年"一带一路"建设对我国城镇化格局的可能影响》,http://www.cnrencai.com/zhongguomeng/444931.htm。
② 《国务院批准东兴、瑞丽、满洲里试验区建设实施方案》,http://www.360doc.com/content/12/0818/13/3505801_2。

和集聚，形成东部、中部和西部地区经济发展与新型城镇化协同推进和联动发展新格局，有利于推动全国人口和城镇化布局更加全面均衡发展。

二　新型城镇化对开放经济的推动

诺贝尔经济学奖得主、美国经济学家斯蒂格利茨（Joseph Stiglitz）曾经说，21世纪初期，对人类历史进程影响最大的两件事：一件是美国的高科技，另一件是中国的城市化。在国内，新型城镇化是我国扩大内需、转变经济发展方式和提升对外开放水平的重要途径。

实施新型城镇化战略，提高城镇化水平，可以使我国摆脱对国外市场的过度依赖，减少贸易摩擦，获得对外开放的主动权，从而进一步推动开放经济的发展。

第二章　开放经济背景下云南新型城镇化发展基础

如前文所述，新型城镇化是在开放条件下进行的城镇化，而对外开放对新型城镇化也提出了内在要求。因此，要探析开放经济背景下的云南新型城镇化道路，首先需要分析开放经济背景下云南新型城镇化的发展基础。

第一节　云南开放经济发展条件与发展基础

云南地处中国西南边陲，由于独特的地理条件和地理位置，较早地实行了对外开放。1984年，云南获准在边境地区开放边境贸易。1992年，开始建立跨境经济合作区。当前，随着国家"一带一路"倡议、长江经济带建设等重大战略的推进实施，孟中印缅经济走廊、中国—中南半岛经济走廊加快建设，中国—东盟自由贸易区升级发展，云南已经从对外开放的"末梢"变成"前沿"，开放经济得以进一步提升。

一　云南开放经济发展条件

（一）地理条件

云南位于中国西南地区，地处北纬21°08′—29°15′、东经97°31′—106°12′之间，国土总面积约39.4万平方千米，占中国国土面积的4.11%。2015年年末，全省总人口为4741.80万，其中，城镇人口2054.6万，占全省总人口数的43.33%。西北接西藏自治区，北面与四川省交界，东北接贵州省，东面与广西壮族自治区为邻；东南、南面、西南、西面通过绵延约4060千米的边境线分别与越南、老挝、缅甸等国接壤，通过澜沧江—湄公河与泰国和柬埔寨相连，并与马来西亚、新加坡、印度、孟加拉国等国邻近，既是我国毗邻周边国家最多的省份之一，也是中国通往东南亚、南亚的窗口和门户，史称"南方丝绸之路"。由于云南毗邻众多的周边国家，发展开放型经济的区位优势明显，主要表现在沿边优势、沿江优势和通道优势三个方面。

就沿边优势而言，云南拥有4000多千米的边境线，正好位于中国、东南亚和南亚三大市场交叉处，是中国与南亚、东南亚发展经济活动最密切的省区之一，也是中国"一带一路"倡议发展的关键节点，具有非常重要的战略位置。云南有国家一类口岸14个，二类口岸7个，还有90个边民互市通道和103个边贸互市点（见表2-1），这些口岸和通道极大地方便了沿边经济的发展和物流运输的发展，为云南与南亚、东南亚各国之间经济贸易往来创造了有利条件，客观上具备发展成为东南亚物流中心的区位条件。

表2-1　　　　　　云南省与周边国家主要口岸一览

区域	中方口岸	外方对应口岸
滇越	河口	老街
	天保	清水河
	金水河	马鹿塘
	田蓬	上蓬
滇缅	瑞丽	木姐
	畹町	九谷
	腾冲猴桥	甘拜地
	孟定清水河	滚弄
	打洛	勐拉
	孟连	邦康
	沧源	班歪
	南伞	果敢
	章凤	雷基

续表

区域	中方口岸	外方对应口岸
滇缅	盈江	拉扎
	片马	唐欣
滇老	磨憨	磨丁
	勐康	兰堆

资料来源：相关年份《中国口岸年鉴》。

就沿江优势而言，云南省内江河纵横，其中，国际河流有4条，分别是澜沧江—湄公河、怒江—萨尔温江、元江—红河和独龙江—伊洛瓦底江。国际河流中除元江发源于云南境内外，其余均为过境河流，发源于青藏高原。澜沧江—湄公河流域经过中国、缅甸、老挝、柬埔寨和泰国，湄公河流经中国的河道长约2161千米，其中流经云南段长达1240千米，流域面积8.87万平方千米，占云南国土面积的22.6%，涵盖了8个州（市）的38个县（市），是大湄公河流域的主要组成部分。怒江—萨尔温江流经云南段长达650千米，流域面积3.35万平方千米，经怒江傈僳族自治州、保山市和德宏傣族景颇族自治州后，流入缅甸，进入安达曼海。元江发源于大理巍山县，境内段长692千米，流域面积7.51万平方千米。独龙江—伊洛瓦底江流经云南贡山独龙族怒族自治县进入缅甸，云南段仅为70千米。

就通道优势而言，云南历来是中国西南门户和中国连接东南亚、南亚地区的桥梁和纽带，在"一带一路"倡议等一系列国家战略的推动下，云南交通运输网络建设日益完善，初步形成了三条通往南亚、东南亚国家的国际大通道。一是西路通道。沿滇缅公路、史迪威公路分别到达缅甸密支那、八莫、腊戌等地，再经密支那到印度雷多，与印度铁路网连接后通往孟加拉国的达卡、吉大港和印度的加尔各答港。二是中路通道。由昆曼公路、建设中的中老铁路、澜沧江—湄公河航运通往缅甸、老挝、泰国并延伸至马来西亚和新加坡。三是东路通道。以现有滇越铁路（含准轨的昆河铁路和米轨的老滇越铁路）、昆河公路及待开发的红河水运为基础，通往越南河内、海防及其越南南部各地。

由于云南具有明显的区位优势，较早开始发展开放经济。1984年，云南获准在边境地区开放边境贸易，至1992年，已有27个边境地区和次区域邻国边境地区成为与次区域邻国边境省市的贸易点，并相继建立5个跨境经济合作区。经过多年的发展实践，这几个边境贸易区已经成为云南与周边国家进行经贸交流、与合作的重要窗口，具有建设出口基地、发展加工贸易的良好区位条件。

（二）自然资源

云南优越的自然地理环境，独特的地形地貌和多样的气候类型造就了物种的多样性，素有"动植物王国""生物资源基因库""鲜花王国""药材之乡"的美誉之称。同时，云南还具有"有色金属王国"的美称，在全国所拥有的162种自然矿产之中，云南就占有150余种，且有54种矿产资源的储量处于领先地位，其中铜矿和锡矿的产量居全国首位（见表2-2）。

表2-2　　　　　　　云南省资源概况

项目	数量
全省土地面积（万平方千米）	39.41
全省年末耕地总面积（万公顷）	620.85
牧草地面积（万公顷）	14.73
全省森林面积（万公顷）	2156.24
全省森林覆盖率（%）	56.20
全省森林蓄积量（亿立方米）	17.68
全省水域及水利设施用地面积（万公顷）	70.17
全省水能资源蕴藏量（亿千瓦）	1.04
全省水资源总量（亿立方米）	1872
全省铁矿保有资源储量（亿吨）	39.25
全省煤矿保有资源储量（亿吨）	335.10
全省磷矿石保有资源储量（亿吨）	46.20

资料来源：《云南统计年鉴（2016）》。

新型城镇化建设离不开特定的自然环境，城市的发展往往与一些自然资源的开发密切相关。除土地资源以外，影响人类生产生活与城市发展的重要资源是水资源。古代一些重要的城市往往位于主要的河流、湖泊之畔。而且，伴随着近代工业经济的兴起，现代城市的发展与工业化的发展密切相关，而某些工业的发展与特定的自然资源尤其是矿产资源有密切的关系，矿产资源的分布与城镇化的建设有着一定的关系，下面我们具体分析水资源和矿产资源的分布对云南新型城镇化建设的影响。

1. 水资源

云南水资源极为丰富，全省地跨长江、珠江、元江、澜沧江、怒江及伊洛瓦底江六大水系，共有大小河流600多条，其中较大的河流有180条（见表2-3）。湖泊资源也较为丰富，其中面积在一平方千米以上的湖泊共37个，主要有滇东的滇池、抚仙湖、阳宗海、杞麓湖及星云湖等；滇西的洱海、程海、泸沽湖、剑湖、茈碧湖、纳帕海、碧塔海等；滇南的异龙湖、长桥海、大屯海等（见表2-4）。

表2-3　　　　　　　　　云南主要河流情况

名称	境内河长（千米）	集水面积（万平方千米）
金沙江	1560	10.56
澜沧江	1227	8.86
元江	680	3.75
南盘江	677	4.33
怒江	618	3.34
瑞丽江	370	0.97
大盈江	196	0.59

资料来源：《云南统计年鉴（2016）》。

表2-4　　　　　　　　　云南主要湖泊情况

名称	所属水系	湖面面积（平方千米）	最大水深（米）	平均水深（米）	平均水位（米）	总容水量（亿立方米）
滇池	金沙江	306.3	8	5	1885	15.70
洱海	澜沧江	250.0	23	10.5	1974	30.00

续表

名称	所属水系	湖面面积（平方千米）	最大水深（米）	平均水深（米）	平均水位（米）	总容水量（亿立方米）
抚仙湖	南盘江	212.0	151.5	87	1720	185.00
程海	金沙江	78.8	36.9	15	1503	27.00
泸沽湖	金沙江	51.8	73.2	40	2685	20.72
星云湖	南盘江	39.0	12	9	1723	2.30
杞麓湖	南盘江	37.3	6.8	4	1792	1.68
阳宗海	南盘江	31.0	30	20	1770	6.02
异龙湖	泸江	31.0	6.6	2.8	1413	1.27

资料来源：《云南统计年鉴（2016）》。

2. 矿产资源

云南地质条件优越，矿产资源丰富，是我国重要的矿产资源富集区，也是全国资源丰富的省份之一。全省已经形成了较为完整的矿产资源开发和加工的生产体系，矿业已经成为云南经济社会发展的重要组成部分。云南矿山企业共有8084个，从业人员为34.6万。2013年，云南矿业总产值（采矿、选矿、冶炼、加工）为603亿元，约占全省工业总产值的4.73%，以有色金属和磷化工为主的矿业是云南五大支柱产业之一。

云南矿产资源丰富，矿种较为齐全，地域组合较好。目前，全省共发现的矿产有154种，主要有铅、锌、锡、磷、铜、银等，其中，已经探明储量的矿产有86种，资源储量排列全国前3位的矿产有21种。在云南的矿产资源中，高品位矿产所占比例较大，多数矿产具有较好的开采条件，开发的经济价值较高。

云南矿产资源的地理分区受地质构造格局的影响，表现为东部、中部、西部地质构造各异，矿产资源的种类及其分布规律也各不相同。我们可以大致以东川—宜良—建水和永胜—宾川—祥云两条南北界线与哀牢山东侧的礼社江—元江为界，将全省分为三个矿产分布区。① 三个矿产分布区按其次级地理地质界线又可分为八个矿产地理分布亚区。根据不同矿产分布，分别在不同地区建设矿业城市，云南省主要矿业地区如表2-5所示。

表2-5　　　　　　　　云南省主要矿业地区　　　　　　　　单位：个

地　区	矿山企业数	地　区	矿山企业数
昆明市	933	曲靖市	1597
昭通市	736	红河哈尼族彝族自治州	640
文山壮族苗族自治州	660	大理白族自治州	603
楚雄彝族自治州	634	思茅市	358

资料来源：丰矿煤炭物流：《中国十大省份矿业格局大调查》，http://www.aqxx.org/html/2016/01/07/08394582112.shtml。

二　云南开放经济发展基础

（一）云南开放经济发展历史

1. "南方丝绸之路"开辟了云南开放经济发展的先河

早在先秦时期，中国西南地区就存在一条以成都为起点，经云南进入缅甸，抵达印度，再由印度通往南亚、中亚以及近东甚至到达欧洲地区的国际贸易通道，这条通道被称为"古代南方丝绸之路"。这条国际贸易通道与汉代张骞出使西域开辟的"北方丝绸之路"一样，对于我国早期古代的对外贸易有着积极的作用。而云南作为这条通道的必经之地，也开始了早期的商品贸易往来和文化交流，并在一定程度上促进了当时云南经济发展，开辟了云南对外开放的历史。

2. 滇越铁路促进了云南工业现代化与开放经济发展

滇越铁路的修建，增加了云南对外贸易的通道，加快了云南对外经济发展，特别是对云南的现代化工业和城市建设起到了较大的促进作用。滇越铁路自1900年开始修建，至1910年全线通车，历时9

---

① 黎林根：《云南省矿产资源现状与立法及对策初探》，硕士学位论文，昆明理工大学，2004年，第2—40页。

年，耗资15846万法郎。① "所谓滇越铁路又通车，（云南）外贸尤为繁茂。"② 一方面，滇越铁路通车后，成为云南地区对外贸易的重要通道，开辟了云南商品出口通道的捷径。"云南商品由昆明装载火车，六七天到香港，九天到上海，运输量猛增。"③ 因此，从某种意义上说，滇越铁路不仅降低了运输费用，而且也有效地缩短了商品的运输时间。另一方面，滇越铁路客观上缩短了云南与外界的时空距离，加快了云南与外界的联系，密切了云南的对外交流，外来商品纷至沓来。"滇路筑成，云南以丛山僻远之省，变为国际交通路线，匪但两粤、江浙各省之物品，由香港而海防，而昆明数程可达，即欧美全世界之舶来品。无不纷至还（沓）来，光耀夺目，陈列于市……"④

3. 西部大开发战略为云南开放经济发展提供了新的契机

2010年6月，中共中央、国务院发布的《关于深入实施西部大开发战略的若干意见》，是党中央、国务院在实施西部大开发战略十年后，进一步继续推进西部大开发做出的战略部署，该西部大开发战略分析了西部大开发所具有的优势和所面临的挑战，并明确了未来十年西部大开发的指导思想、基本原则和主要目标，提出了扩大对内对外开放、提升沿边开放水平的新任务、新要求。同时，该西部大开发战略根据云南省经济和社会发展情况，提出了"加快滇中经济区建设，打造新的经济增长点；积极建设瑞丽重点开发开放试验区，形成沿边开放的重要窗口；大力扶持滇西边境山区发展，加快脱贫致富步伐"。新一轮西部大开发战略的深入实施，为云南深化改革、扩大开放创造了更加有利的条件。⑤

---

① 《云南交通长编·铁路》。
② 云南省地方志编纂委员：《续云南通志长编》（下册），云南省志编纂委员办公室，1985年。
③ 顾维国、杨金江：《滇越铁路与云南近代进出口贸易》，《云南民族学院学报》（哲学社会科学版）2001年第5期，第139页。
④ 云南省地方志编纂委员：《续云南通志长编》（下册），云南省志编纂委员办公室，1985年。
⑤ 云南省政府门户网：《云南省商务发展第十二个五年规划纲要》，http://www.yn.gov.cn/yn_zwlanmu/yn_gh/201210/t2012.

4."一带一路""辐射中心""桥头堡"战略的实施,极大地拓展了云南对外开放的空间

2009年7月,中共中央总书记、国家主席胡锦涛在云南考察时,提出把云南建设成中国面向西南开放的重要桥头堡,云南要"拓展对外开放广度和深度,推动对外贸易、利用外资、企业走出去上水平,尤其要充分发挥云南作为我国通往东南亚、南亚重要陆上通道的优势,深化同东南亚、南亚和大湄公河次区域的交流合作,不断提升沿边开放的质量和水平,使云南成为我国向西南开放的重要'桥头堡'"。2011年5月,国务院出台了《关于支持云南省加快建设面向西南开放重要桥头堡的意见》(国发〔2011〕11号),明确提出,云南作为面向西南开放的国际大通道,要把云南建设成为中国面向西南开放的重要门户、中国沿边开放的试验区和西部地区实施"走出去"的先行区、西部地区重要的外向型特色优势产业基地,以及中国重要的生物多样性宝库和西南生态安全屏障、中国民族团结进步、边疆繁荣稳定的示范区①,并提出,要以边境经济合作区、跨境经济合作区建设为重点,完善云南省的跨境交通、口岸和边境通道等基础设施网络,加快形成云南面向南亚、东南亚的沿边经济带;建议充分利用中国—东盟自由贸易区平台,进一步加强中国—东盟自由贸易区、大湄公河次区域合作机制,提升孟中印缅合作层次和合作水平,形成全方位、多层次的经贸合作机制。

云南"桥头堡"建设在一定程度上给云南经济带来了历史发展机遇,有效地拓展了云南对外开放的空间。"中国面向西南开放的重要桥头堡建设实施以来,云南的地理区位优势正拓展成为对外开放的通道优势,自然与人文资源优势提升成为产业成长和经济发展优势,国家给予云南的桥头堡政策正转化成为对外开放优势,云南的生态优势正优化成为经济优势。"目前,有将近40个国家部委与云南签订了战略合作协议;有近十家中央金融机构、近30家国有大型企业与云南

---

① 国务院:《关于支持云南省加快建设面向西南开放重要桥头堡的意见》(国发〔2011〕11号)。

签订了合作协议；不少世界500强企业也入驻云南；周边国家和地区也积极响应桥头堡建设。桥头堡建设已成为云南经济社会发展的一个重要抓手，能最大限度地发挥云南的地缘优势。

2013年9月和10月，习近平总书记相继提出建设"丝绸之路经济带"和"21世纪海上丝绸之路经济带"的伟大构想。2015年，习近平总书记考察云南时提出："希望云南主动服务和融入国家发展战略，闯出一条跨越式发展的路子来，努力成为民族团结进步示范区、生态文明建设排头兵、面向南亚东南亚辐射中心，谱写好中国梦的云南篇章。""一带一路"倡议、云南面向南亚东南亚"辐射中心"的定位极大地拓展了云南对外开放的空间。

（二）云南开放经济的主要内容

1. 依托口岸优势，发展对外贸易

从当前云南贸易发展的实际情况来看，已经渐渐形成了一般贸易、来料加工装配贸易、边境小额贸易等多种贸易方式互相补充、互为发展的较为完整的贸易体系。可以说，云南的对外贸易已经成为云南参与国内外产业分工、实施开放型经济发展的重要组成部分。近些年来，在我国宏观经济指导下，在"引进来"与"走出去"的经济政策下，出台了一系列鼓励企业发展外向型经济和边境对外贸易，进一步加快了云南开放型经济发展的步伐。而且随着云南周边国家缅甸、老挝、越南等国的需求不断加深，云南对外贸易发展的广度也在不断地拓宽，贸易环境相对稳定，进出口贸易额也在逐年增长，且增长幅度比较大，2010年的进出口贸易额为133.68亿美元，到2015年，云南的进出口贸易总额增长到245.27亿美元，年平均增长速度达到16.8%。其中，出口和进口分别由2010年的76.06亿美元和57.62亿美元增长到2015年的166.26亿美元和79.01亿美元，出口年均增长速度远远高于进口，分别为23.7%和7.4%（见表2-6）。

云南地处西南边陲，是少数民族聚集省区，其区位优势明显，在对外贸易中，尤以边境贸易发展历史悠久，也表现最为突出，特别是在与东南亚国家的经济交往中，边境贸易已然成为中国—东盟自由贸易区的主要交往形式，云南已成为中国边境对外贸易大省，在开放经济型经济发展中战略地位明显。2015年,云南边境贸易进出口总额合计达24.91亿美元,较2010年增加7.55亿美元,年均增速为8.7%,边境贸易额一直保持相对稳定增长态势(见表2-7)。

表2-6　　　　2010—2015年云南对外贸易进出口额　　　单位:亿美元

年份	进出口总额	出口额	进口额
2010	133.68	76.06	57.62
2011	160.53	94.73	65.80
2012	210.05	100.18	109.87
2013	258.29	159.59	98.70
2014	296.22	188.02	108.20
2015	245.27	166.26	79.01

资料来源:《云南统计年鉴(2016)》。

表2-7　　　　2010—2015年云南边境贸易进出口情况　　　单位:亿美元

年份	进出口总额	出口额	进口额
2010	17.36	9.88	7.47
2011	20.05	12.16	7.88
2012	21.49	13.95	7.54
2013	33.34	18.47	14.87
2014	35.79	21.79	14
2015	24.91	16.75	8.16

资料来源:《云南统计年鉴(2016)》。

在发展边境贸易的同时,云南积极吸收外商投资。2005年,外商直接投资额为4.36亿美元,2015年增长到22.58亿美元,十年间共增长了18.22亿美元,年平均增长速度达到了41.7%,但每年的投资项目增长的波动幅度也比较大(见图2-1和图2-2)。

2. 利用区位优势,加强区域经济合作

20世纪90年代以来,云南与周边相邻国家开展多层次、多领域的区域合作。1992年,在亚洲开发银行的倡议下,云南与相邻澜沧江—湄公河流域国家缅甸、老挝、越南、泰国和柬埔寨五国开展大湄公

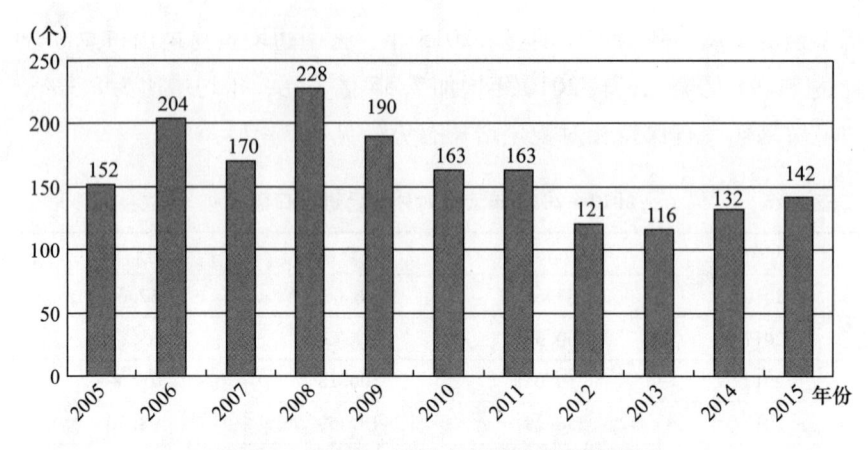

图 2-1　2005—2015 年外商直接投资项目

资料来源：《云南统计年鉴（2016）》。

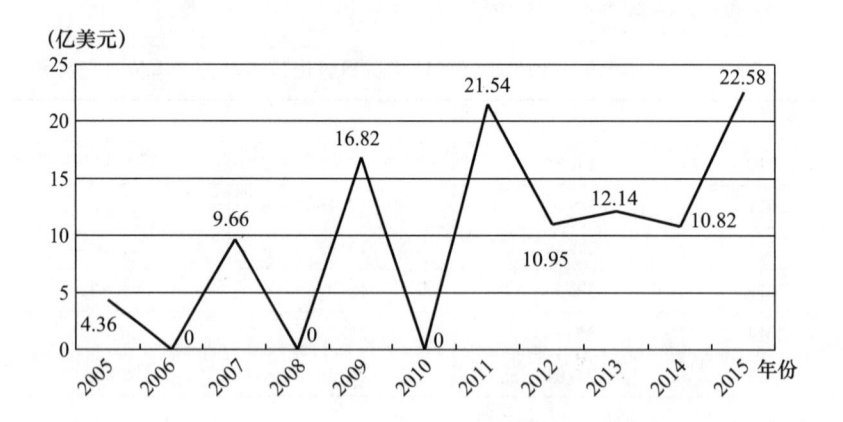

图 2-2　2005—2015 年外商直接投资金额

资料来源：《云南统计年鉴（2016）》。

河次区域合作；1993 年，云南加入以澜沧江—湄公河为主轴的"黄金四角经济合作"；1999 年，加入孟中印缅地区经济合作；2002 年，加入中国—东盟自由贸易区合作。在云南加入的众多的区域合作中，大湄公河次区域合作与孟中印缅合作成效最为显著。在能源合作、交通基础设施、贸易和投资、人力资源开发合作、环境项目、非传统安全合作等领域取得了突出的成效。目前，大湄公河次区域合作已经形成了较为完善和规范的合作体系。每年举行一次部长级会议、高官会议和各行业的发展论坛，每三年举行一次领导人会议。在2014年第17次中国—东盟领导人会议上，李克强总理提出建立澜湄合作机制，得到湄公河国家的积极响应。2015年12月，澜沧江—湄公河合作在首次外长会议中，中国、泰国、缅国、老挝、越南、柬埔寨六国一致同意正式启动澜沧江—湄公河合作进程，正式建立澜沧江—湄公河合作机制，并确定在政治安全、经济可持续发展、社会与人文三个重点领域开展合作，全面对接东盟共同体建设的三大支柱。澜沧江—湄公河合作机制的建立使云南加入大湄公河次区域建设有了更为宽广的前景，成为云南加入国际区域合作的典范。与此同时，云南省积极参与孟中印缅经济走廊、中国—中南半岛—经济走廊建设，积极参与打造中国—东盟自贸区升级版、澜沧江—湄公河区域合作机制，稳步提升云南与周边国家的多边、双边合作水平，从而加强与国内、国外的合作。2013年5月，李克强总理访问印度，双方发表了《中印联合声明》，并指出，"双方对孟中印缅地区合作论坛框架下的次区域合作进展表示赞赏……双方同意与其他各方协商，成立联合工作组，研究加强该地区互联互通，促进经贸合作和人文交流，并倡议建设孟中印缅经济走廊"。[①] 这标志着云南多年努力推进的孟中印缅地区经济合作上升为国家战略，使云南的对外开放迎来了新的发展机遇。

2014—2015年云南与周边国家进出总额情况如表2-8所示。

表2-8　　2014—2015年云南与周边国家进出口总额情况

单位：亿美元、%

国家	进口总额			出口总额		
	2014年	2015年	2015年比2014年增长	2014年	2015年	2015年比2014年增长
缅甸	35.79	33.39	-6.7	34.68	25.02	-27.08
老挝	4.66	5.64	20.4	9.06	3.18	-64.9

---

① 中国网：《孟中印缅经济走廊的潜力仍有待开发》，http://opinion.china.com.cn/opinion_63_143663.html。

续表

国家	进口总额			出口总额		
	2014年	2015年	2015年比2014年增长	2014年	2015年	2015年比2014年增长
泰国	2.47	1.89	-23.3	8.26	14.99	81.4
越南	1.44	7.65	431.7	14.18	15.61	10.2
柬埔寨	—	—	—	0.14	0.75	446.4

资料来源：《云南统计年鉴（2016）》。

3. 发挥产业优势，实施"走出去"战略

在当前世界经济一体化和全球化发展趋势下，任何国家都不可能在自给自足、闭关自守的情况下使经济得到长足的发展。任何国家或地区只有积极地参与到世界市场中，才能使经济结构得到优化，资源得到合理的配置。为此，在这样的背景下，1999年，国家提出了实施"走出去"的发展战略。2011年，国务院《关于支持云南省加快建设面向西南开放重要桥头堡的意见》中明确指出："积极支持有条件的企业'走出去'。把实施'走出去'战略作为提升对外开放水平的重点。引导金融机构为符合国家政策导向的'走出去'企业提供出口信用保险等各类保险和信贷服务。支持'走出去'企业品牌国际化建设。进一步推进投资便利化，建立外经和境外投资项下人员物资出入绿色通道。"为此，云南省委、省政府提出实施"走出去"发展战略，利用云南省内的产业优势，鼓励有实力的企业"走出去"投资办厂，开展加工贸易，建立开放型经济体系，提高云南省的经济发展水平，发挥云南省对周边国家或地区的经济辐射作用，带动周边国家和地区的发展。

首先，云南省对外投资保持着稳定的增长态势。全省累计境外投资企业个数由2008年的174家，迅速增加到2016年的680多家，对外实际投资累计由2008年的5.9亿美元增长到2016年的73.3亿美元，其中，2016年1—11月，新批境外投资企业86家，对外实际投资15.47亿美元，同比增长23%[①]；对外投资增长迅速。

---

① 云南省商务厅，http://www.bofcom.gov.cn/bofcom/432921734090326016。

其次，随着云南省经济的发展和产业结构的进一步优化，云南企业"走出去"的规模、频率都出现了较快的发展。对外承包是云南企业"走出去"的主要方式。自2005年以来，云南省企业"走出去"对外承包工程签订的合同共有784份，合同金额累计为108.22亿美元，累计完成营业额125.81亿美元（见表2-9）。其中，2016年1—11月，云南省新签订对外承包工程合同37份，新签合同额18.15亿美元，同比增长43.14%，完成营业额19.18亿美元。①

表2-9　　　　　　　2005—2015年云南对外承包合同

年份	合同份数（份）	合同金额（亿美元）	完成营业额（亿美元）
2005	131	5.34	3.87
2006	85	6.04	4.33
2007	96	7.00	4.99
2008	94	7.80	6.17
2009	63	9.24	7.38
2010	22	9.71	9.85
2011	47	11.21	11.45
2012	52	12.77	15.48
2013	55	12.81	18.17
2014	44	13.44	20.70
2015	95	12.86	23.42

资料来源：《云南统计年鉴（2016）》。

从表2-9中我们可以看出，2005年，企业对外承包工程签订的合同份数为131份，合同金额为5.34亿美元，完成营业额3.87亿美元；2015年，企业对外承包工程签订的合同份数为95份，很明显，签订的合同份数减少，但合同金额却增加到12.86亿美元，完成营业额23.42亿美元，企业"走出去"的规模和金额都比过去有了显著增长。

---

① 云南省商务厅，http://www.bofcom.gov.cn/bofcom/432921734090326016。

云南省在对外劳务合作方面有一定的增长,但增长的趋势较为平缓。劳动力"走出去"是云南开放经济的重要组成部分。在资本和技术的带动下,云南劳务合作呈现缓慢增长的趋势。2012年,云南派出劳务人员8078人,比2013年增长3.5%;2013年,云南派出劳务人员7233人;2014年,云南派出劳务人员9225人,比2013年增长12%;2015年,云南派出劳务人员10398人,增长12.7%;2016年1—11月,云南派出劳务人员8990人,比2015年减少8%(见图2-3)。截至2016年11月底,云南累计外派各类劳务人员102678人,期末在外人数14156人。

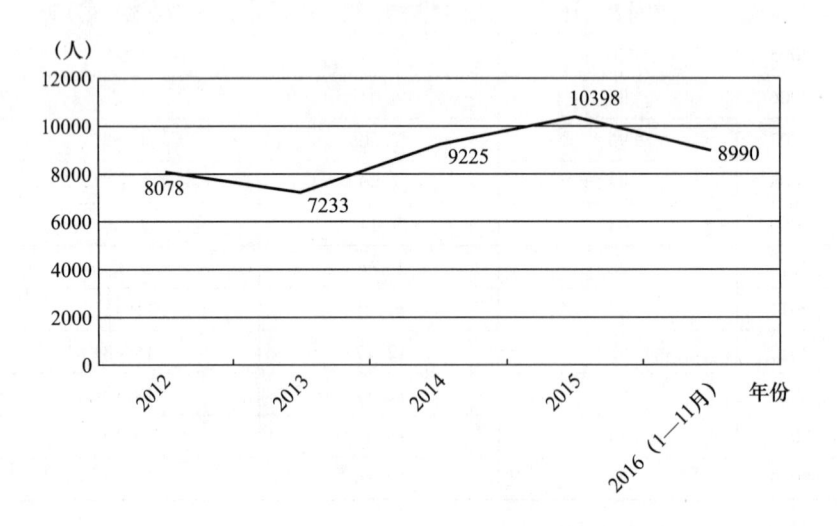

图 2-3　2012—2016 年云南外派劳务人员

资料来源:《云南统计年鉴(2016)》。

第二节　开放经济背景下云南新型城镇化发展基础

与相关国家共建"丝绸之路经济带"与"21世纪海上丝绸之路"是我国新时期发展的重要方略,是统筹国内与国际两个发展大局的重要引擎。在当前全面建设小康社会的关键时期,《国家新型城镇化规划(2014—2020年)》则开启国内经济发展之新道路。"一带一路"倡议与新型城镇化规划具有时间同步性与发展契合性,"一带一路"倡议背景为新型城镇化建设提供历史发展的机遇。

一 "一带一路"倡议为云南新型城镇化建设提供了战略机遇

2013年9月7日,习近平出访哈萨克斯坦,在纳扎尔巴耶夫大学演讲时指出:"为了使我们欧亚各国经济联系更加紧密、相互合作更加深入、发展空间更加广阔,我们可以用创新的合作模式,共同建设'丝绸之路经济带'。"① 2015年10月3日,习近平主席出访印度尼西亚时提出了共建"21世纪海上丝绸之路"的倡议;习近平主席指出,"东南亚地区自古以来就是'海上丝绸之路'的重要枢纽,中国愿同东盟国家加强海上合作,使用好中国政府设立的中国—东盟海上合作基金,发展好海洋合作伙伴关系,共同建设'21世纪海上丝绸之路'"。② "一带一路"倡议提出以后,受到了国际社会的高度关注。2014年,"一带一路"正式写入了《中共中央关于全面深化改革若干重大问题的决定》,进一步上升为国家战略。同年,关于设立亚洲基础设施投资银行和丝路基金的提出标志着"一带一路"倡议迈入实际推进阶段。2015年3月28日,在博鳌亚洲论坛上,国家发展改革委、外交部、商务部联合发布了《推动共建丝绸之路经济带和21世纪海上丝绸之路的愿景与行动》(以下简称《愿景与行动》),《愿景与行动》对"一带一路"倡议的理念、原则、合作机制进行了解读,同时,《愿景与行动》的颁布意味着"一带一路"进入全面实施阶段。

(一)"一带一路"倡议的实施增强了云南新型城镇化发展的动力

"一带一路"倡议的提出是在我国面临复杂的国际环境下,借用古代"丝绸之路"的文化精神,加强与沿线国家的区域合作交流,通

---

① 清华大学中国与世界经济研究中心:《丝绸之路经济带——发展前景及政策建议》,2014年。

② 习近平:《共建21世纪"海上丝绸之路"》,http://sg.weibo.com/user/rmrb/3629285032515164。

过开展与沿线国家的经济合作来促进国内经济发展的重要尝试。云南是"一带一路"倡议所涉及的18个主体之一，是中国通往南亚与东南亚的重要门户，无论就地理位置还是就战略定位而言，"一带一路"倡议的实施都与云南经济的发展密切相关。《愿景与行动》也指出，要"发挥云南区位优势，推进与周边国家的国际运输通道建设，打造大湄公河次区域经济合作新高地，建设成为面向南亚、东南亚的辐射中心。推进西藏与尼泊尔等国家边境贸易和旅游文化合作"。[①]

2014年，云南省提出了《新型城镇化发展规划》，指出新型城镇化建设是云南省发展战略的重要内容之一，当前新型城镇化建设正好与国家推行"一带一路"倡议有时间上的同步性、发展上的契合性。"一带一路"倡议的国家战略规划、政府政策支持、市场力量的驱动、税收优惠、资金保障等方面可以为云南的新型城镇化建设提供动力支持。云南新型城镇化建设可以结合自身的发展条件，利用前所未有的国家战略政策扶持把支持力转化成发展力和内动力，加速推进"一带一路"框架下云南新型城镇化的建设。

（二）"一带一路"倡议的实施完善云南新型城镇化建设的空间布局

改革开放40年来，我国的整体经济获得了飞速发展，但同时也导致了东部地区与西部地区发展差距拉大，东西部发展水平差异严重地阻碍着我国经济发展，"一带一路"倡议主体区域主要覆盖了我国中西部地区，这一倡议的实施将会有力地促进我国西部地区的经济发展，提升西部地区的城镇化水平。而云南作为邻近东南亚的重要省份，在国家"一带一路"倡议支持下，发挥重要"海陆交通""重要战略枢纽""重要战略支点"重要经济通道，"重要辐射中心"的作用，加快通向东南亚、南亚国际大通道建设，提升云南整体国际化水平，使云南在澜沧江—湄公河合作机制和东盟自贸区平台上更进一步。

[①] 新华社：《推动共建"丝绸之路经济带"和"21世纪海上丝绸之路"的愿景与行动》，http://www.mofcom.gov.cn/article/resume/n/201504/20150400929655.shtml。

可以预见的是，随着国际大通道的建设，通道沿线的经济将会得到快速发展，将会形成新的经济增长点，这也就意味着沿线城镇化的脚步会加快，而且随着城市群的发展，城镇之间的联系会得到进一步增强，城市群的辐射力会大幅度提升，城镇化水平会得到进一步提高。

（三）"一带一路"倡议的实施引领云南新型城镇化建设的资源共享

"一带一路"倡议倡导与沿线国家建立"政策沟通、设施联通、贸易畅通、资金融通、民心相通"的"发展共同体"和人类命运共同体，这种互联互通的共同体关系，提高了云南的对外开放水平，加强面向国内和国际的全方位合作。这样，可以为云南的新型城镇化建设提供更多的人力、物力和财力资源，推进云南的城镇化建设。同时，云南拥有丰富的水能资源和矿产资源，但是，长期以来，能源产业开发不足，利用率不高，文化和旅游资源创意不足，附加值较低。在当前内需不足、产能过剩的情况下，"一带一路"倡议的实施，可以为中西部富余的能源产业开辟国际市场和通道，为云南省资源转化提供市场，从而带动云南新型城镇化发展。

二 经济发展水平提升为云南新型城镇化发展提供了物质保证

经济发展水平与城镇化密切相关。美国学者拉姆帕德（Lampard）最早提出经济发展程度与城市化发展水平呈一致性。[①] 一方面经济发展作为城镇化的经济基础推动城镇化步伐，另一方面城镇化进程又反过来促进经济的快速发展，两者是互为条件、互相影响、互相制约的关系。一般而言，经济发展水平越高，城镇化发展水平也就越高，因此，社会的经济发展水平与城镇化发展水平有着密切的联系。从某种意义上说，经济发展是城镇化的主要驱动力。

（一）经济总量增加是城镇化发展的必然结果

改革开放以来，云南省经济发展较为迅速，总量增长明显。1978

---

① E. E. Lampard, *Economic Development and Cultural Change*, Chicago: The University of Chicago Press, 1955, pp. 81 – 36.

年，云南省的地区生产总值仅为 69.05 亿元，到 2015 年，云南省地区生产总值（GDP）达 13619.17 亿元，增幅高达 13550.12 亿元。从 1990 年开始，云南省经济就进入了快速增长时期，这一时期 GDP 增速由 1991 年的 6.6% 上升到 2015 年的 8.7%，增速基本保持在 6.5% 以上。2015 年，云南省地区生产总值是 1990 年的 26.3 倍，国民经济稳步前进（见图 2-4）。

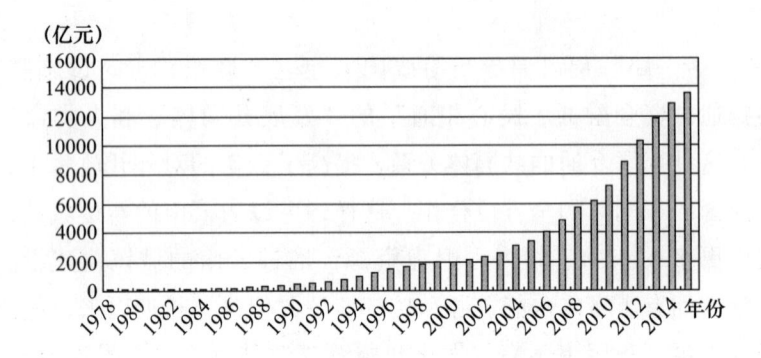

图 2-4　1978—2015 年云南省地区生产总值

资料来源：《云南统计年鉴（2016）》。

1978—2015 年云南省人均地区生产总值如图 2-5 所示。

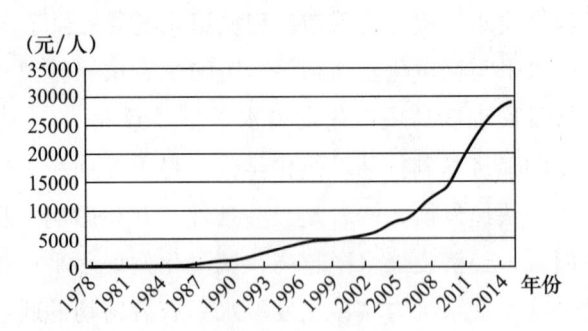

图 2-5　1978—2015 年云南省人均地区生产总值

资料来源：《云南统计年鉴（2016）》。

20 世纪 90 年代以后是云南省经济发展较为迅速的时期，也是云南城镇化发展水平处于快速发展的时期（见图 2-6），经济增长与城镇化水平基本上相一致。

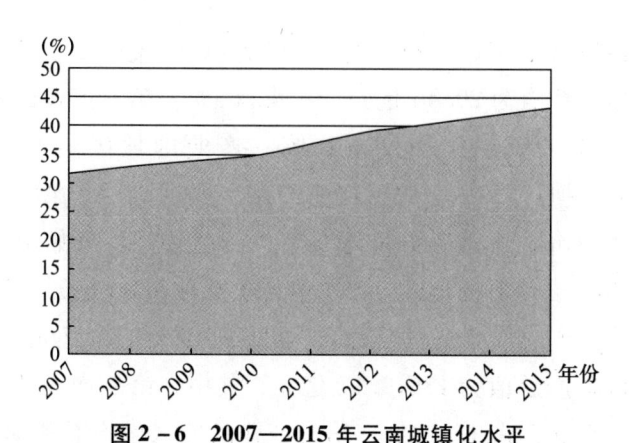

图2-6　2007—2015年云南城镇化水平

资料来源:《云南统计年鉴(2016)》。

（二）产业结构优化升级是新型城镇化应有之义

随着经济社会的发展，产业结构也开始优化升级。在以人为本的新型城镇化建设中，需要高端产业、新兴产业和生态产业来支撑社会的发展。

一方面，产业结构优化有利于资源要素有效配置，而资源的优化配置则是促进城镇发展的重要因素之一。资源要素流动是指生产要素由生产效率低和生产效益低的部门或行业向生产效率高和生产效益较高的部门或行业流动。当社会生产效率提高、生产效益增加时，在市场的调节下，社会资源要素就会由效益低的部门流向效益高的部门，而在这样一个资源要素不断聚集的过程中，产业规模和集聚效应在地域空间上集聚，由此城镇产生，便开启城镇化建设之路。

另一方面，产业结构优化会促进城镇化向服务城市转型，从而提升城镇化质量。产业结构升级必然导致社会的劳动力、资本以及技术等要素流向第三产业，尤其是向现代服务业行业流动最为明显。现代服务行业的发展会通过社会劳动分工来提高劳动生产率和人们的收入水平，且现代服务行业的发展会使城市能够提供较好的医疗服务、教育培训，这样，有利于吸引更多想获取较好服务的人群流向城市，致使城市不断得到发展，规模不断扩大，城市功能不断得到完善，从而带动城市周边地区经济发展。

云南社会的产业发展状况在一定程度上也影响着云南新型城镇化

的建设。1978年，云南的地区生产总值为69.05亿元，其中，第一产业的地区生产总值为29.46亿元，占42.66%；第二产业的地区生产总值为27.58亿元，占39.94%；第三产业的地区生产总值仅为12.01亿元，占17.39%，第三产业的发展严重落后于第一产业和第二产业。1978年，在改革开放政策下，云南省经济开始渐渐发展起来。1995年，云南省的地区生产总值首次突破1000亿元，2012年云南省的地区生产总值突破1万亿元，提高到10309.47亿元。2015年，云南省地区生产总值为13619.17亿元，其中，第一产业的生产总值为2055.78亿元，占15.09%；第二产业的地区生产总值为5416.12亿元，占39.77%；第三产业的生产总值为6147.27亿元，占45.14%（见表2-10）。

表2-10　　　　1978—2015年云南省各产业贡献值　　　　单位：亿元、%

年份	地区生产总值	第一产业		第二产业		第三产业	
		总值	比重	总值	比重	总值	比重
1978	69.05	29.46	42.66	27.58	39.94	12.01	17.39
1981	94.13	41.23	43.80	35.80	38.03	17.10	18.17
1984	139.58	57.33	41.07	54.38	38.96	27.87	19.97
1987	229.03	84.06	36.70	84.30	36.81	60.67	26.49
1990	451.67	168.13	37.22	157.80	34.94	125.74	27.84
1993	783.27	191.45	24.44	325.57	41.57	266.25	33.99
1996	1517.69	360.48	23.75	669.06	44.08	488.15	32.16
1999	1899.82	406.87	21.42	811.90	42.74	681.05	35.85
2002	2312.82	463.44	20.04	934.88	40.42	914.50	39.54
2005	3462.73	661.69	19.11	1426.42	41.19	1374.62	39.70
2008	5692.12	1020.56	17.93	2452.75	43.09	2218.81	38.98
2011	8893.12	1411.01	15.87	3780.32	42.51	3701.79	41.63
2012	10309.47	1654.55	16.05	4419.20	42.87	4235.72	41.09
2013	11832.31	1860.80	15.73	4939.21	41.74	5032.30	42.5
2014	12814.59	1991.17	15.54	5281.82	41.22	5541.60	43.24
2015	13619.17	2055.78	15.09	5416.12	39.77	6147.27	45.14

注：由于计算过程中的四舍五入，各分项目分比之和有时不等100%。下同。

资料来源：历年《云南统计年鉴》。

经济发展必然导致产业结构发生变化。按照城镇化发展的一般规律，城镇经济发展的必要条件是第二产业和第三产业的发展，特别是城镇化本身要求所决定的人口、生产条件、经济效益、基础设施和规模经济等方面，第二、第三产业才能满足城镇化发展的要求。因此，第二、第三产业的发展是促进城镇经济发展的重要因素之一。一般来说，第三产业所占比重越高，城镇化水平越高，城镇经济发展水平也越高。图2-7是1978—2015年云南省三大产业结构演变情况，从图中我们可以看出，随着云南省地区生产总值的增加，产业结构也在不断地优化升级，产业发展逐渐转向合理的发展模式。1987年，第二产业的地区生产值首次超过第一产业；2013年，第三产业的地区生产值超过第一、第二产业的地区生产值，产业结构更加趋向合理化。

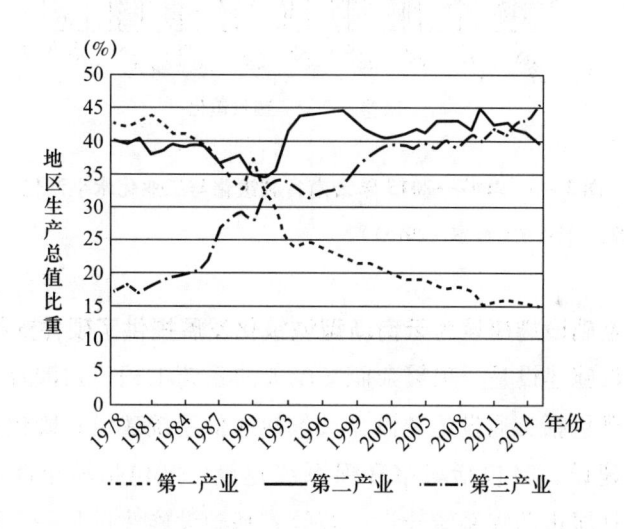

图2-7　1978—2015年云南省产业结构演变情况

资料来源：《云南统计年鉴（2016）》。

近年来，随着国家对西部地区实施的一系列开发政策，云南省工业化发展显著加快，城镇化发展水平也逐年增高，城镇化与工业化之间的差距逐年呈缩小的趋势。也就是说，在云南省城镇化与工业化进程中，差距存在但逐年缩小（见图2-8）。预计在今后一个时期内，随着国家"一带一路"倡议的实施,将会有更多的资金、技术投入,随着基础设施的完善、政策创新等积极因素的影响,云南省工业化进程将会得到快速而稳步的发展,必将给全省城镇化进程提供强大的动力支撑。

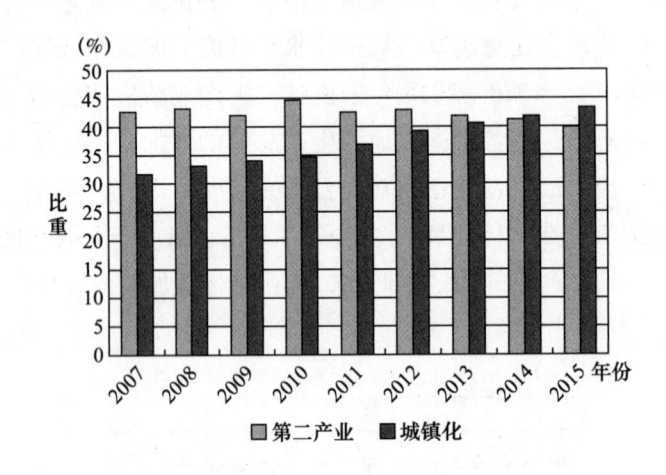

图 2-8　2007—2015 年云南省城镇化与工业化水平演化

资料来源:《云南统计年鉴(2016)》。

三　基础设施建设为云南新型城镇化发展提供了硬件支持

基础设施建设是一项繁杂而又庞大的系统工程,它涉及生活的各个方面,既包括交通设施建设,又包括通信系统建设;既包括城市的水利管网建设,又包括城市环保系统建设;既包括城市能源系统建设,又包括城市防灾系统建设;等等。基础设施建设是一个国家或地区国民经济运行的基础性部门,是各种经济活动依存的载体。

(一) 基础设施与城镇化发展之间的关系

基础设施建设与城镇化发展之间有着密切的联系,两者相互促进、相互依存、互为发展。一方面,基础设施所提供的产品和服务对城市发展具有促进作用。基础设施建设与社会生产力水平密切相关。随着社会的发展和科学技术水平的进步,基础设施建设被视为社会发展和经济增长的前提条件,基础设施所提供的产品和服务能够较好地吸引投资者在其城市内开展经济活动，因此，从某种意义上说，基础设施建设是城市发展的先决条件，是城镇化建设中不可或缺的内容，是城市发展的需要，为城市发展注入新的活力。

另一方面，基础设施所提供的合理空间布局能够为城市各产业的发展提供基本条件，形成合理的产业布局。而且基础设施自身建设所需要的人力、物力能够在客观上带动城镇化的发展。

（二）云南基础设施的发展现状

改革开放以来，特别是近些年来西部大开发、桥头堡国家战略的实施，使云南省的城市基础设施建设得了较快的发展，交通通信设施进一步完善，能源系统进一步增强，城镇化的基本框架得以确立。

1. 交通设施发展

云南省位于中国西南部，全省90%以上属于山区，地形地貌较为复杂，为交通设施的建设带来了不小的困难。尽管不利条件存在，但改革开放以来，随着云南省经济发展，对交通设施的投资每年大约以27.6%的速度增长，云南省交通设施的建设取得了较大的成绩。

铁路方面：随着社会经济的发展，云南省的铁路建设日趋完善。截至目前，全省铁路营运里程达3000千米，"八出省五出境"铁路主骨架网框架和"三横四纵"铁路网布局已基本形成，并融入国家"一带一路"，形成了地跨欧亚的铁路大动脉。同时，云南省拟出资900多亿元用于铁路建设，其中新开工铁路里程2000多千米，建成投产线路近550千米。随着六盘水—沾益新增二线、广昆铁路复线、玉路、蒙河等铁路的开通，滇南地区无准轨铁路的历史结束了。2016年，随着沪昆客专（沪昆高铁）云南段、南昆客专（云贵铁路）云南段的开通运营，云南省进一步加快了高铁建设步伐。在《云南省中长期及"十三五"铁路网规划》中，2020年，云南省铁路营运总里程将力争达到8000千米，高铁营运里程将达到1700千米，全面建成"八出省五出境"的干线通道，提升云南铁路网规模和质量，加强与南亚和东南亚地区的互联互通，从而促进云南经济发展，提升云南省的城镇化建设的交通支持水平。

公路方面：截至2015年年底，云南省高速公路通车里程达到

4000多千米，在建高速公路24条，里程约1853千米；在云南省16个市州中已有13个市州通高速公路，实现了13个市州政府所在地通高速公路。目前，在建、建成或开工建设的通县市区高速公路达到了62%；云南省公路总里程达23.6万千米，其中，高等级公路（二级及以上公路）里程达1.62万千米，占总里程的6.78%，云南省129个县（市、区）中有123个通高等级公路。农村交通进一步通畅化，新改建农村公路9万千米，农村公路总里程达19.7万千米，乡镇公路通畅率达100%，建制村公路通畅率达75%。在"七出省"公路通道中，除宣曲、江召、香丽在建，香格里拉至德钦（隔界河）未启动外，云南境内段均实现高速化，高速公路出省通道达5个。"五出境"通道中，昆明至河口至河内、昆明至瑞丽至皎漂云南境内段实现高速化；昆明至磨憨至曼谷、昆明至密支那至加尔各答除小磨在建、腾冲至猴桥待建外，云南境内段实现高速化；昆明至清水河至仰光出境通道昆明至大理已建成高速公路，大理至临沧正在建设，临沧临翔区至清水河段待建。①

公路网的完善，有力地拉动了区域经济发展和沿线城镇化发展。以会晒桥和龙江特大桥为例，随着会晒桥和龙江特大桥的通车，云南通往老挝、泰国和缅甸的重要通道将打开，通过构建与周边国家陆上通道，在改善滇西地区交通运输格局的同时，也促进了滇西地区沿线城镇化的发展。

航空网线：近年来，云南省民航业发展迅速。2012年6月，昆明长水国际机场投入运营；2015年10月，泸沽湖机场建成并通航；2016年12月，沧源机场开通运营，澜沧机场建设有序进行，至此，云南省共有机场15个，其中运营机场达到14个；航线数量392条，其中国内航线322条，国际航线60条，地区航线10条。②民航业的高速发展，为云南省高效完备的航空网奠定了坚实的基础，为云南省

---

① 新华网云南：《云南完善基础设施争创发展新优势》，http://www.yn.xinhuanet.com/2016ynnews/20161107/35，2016年11月7日。
② 民航资源网：《上半年云南航空运输增长迅速 新增航线25条》，http://news.carnoc.com/list/320/320404.html。

与国内、国际的经济交流提供了便捷的空中通道,对云南省经济社会跨越发展和新型城镇化建设形成了有力的支撑。

2011—2015年云南省交通运输线路长度情况见表2-11。

表2-11　　　　2011—2015年云南交通运输线路长度　　　　单位:万千米

年份	铁路营业里程	公路通车里程	内河航道里程	民用航空航线里程
2011	0.21	21.45	0.32	18.56
2012	0.24	21.91	0.34	22.85
2013	0.24	22.29	0.36	29.44
2014	0.26	23.04	0.36	33.15
2015	0.27	23.60	0.41	31.69

资料来源:《云南统计年鉴(2016)》。

2. 通信系统建设

近年来,云南通信业获得了长足发展,尤其是云南通信加强了与南亚和东南亚国家之间的联系。2007年,国际通信出口局——昆明区域性国际通信交换中心(以下简称昆明国际局)建成,便利了中国云南与东南亚国家如老挝、缅甸、越南、柬埔寨之间的国际语音业务。2015年1月,工信部同意昆明国际局新增与南亚国家印度、斯里兰卡、孟加拉国之间的国际语音业务;同意昆明国际局开展中国电信与东南亚5国及南亚印度、斯里兰卡、孟加拉国之间的数据专线业务;同意在昆明国际局设置国际互联网转接点。另外,随着成昆、南昆等省际干线光缆以及中老、中缅等陆路光缆陆续建成,云南已经拥有多条出省光缆通道以及国际光缆线路,云南信息通信行业已具备进一步向外拓展的坚实基础。[1]"十三五"期间,云南将以"云上云"行动计划引领信息化和信息产业发展,建设高速共享的互联网。对接国家实施网络强国战略,推进"三网融合",构建覆盖城乡、西南、辐射南亚东南亚的国际信息交换中心。通信网络的建成与提升在基础设施领域进一步支撑了云南新型城镇化的外向发展。

---

[1] 中国公路网:《云南:着力建设"五网"　提升互联互通水平》,http://www.chinahighway.com/news/2015/921483.php。

3. 能源资源及其通道

近年来,云南省能源产业发展比较迅速,亮点突出。在电力方面,云南一直致力于提升西电东送能力和云南外送能力,强化与国内东南沿海发达城市和周边国家的电力合作。目前,已建成500千伏及以上输电线路13600千米,220千伏电网实现了全省覆盖,形成了"七交四直"西电东送主通道;对外与缅甸、越南、老挝等东南亚国家合作建成了文山、红河、西双版纳电力外送通道,建成了双回220KV、单回500千伏缅甸至德宏两条电力回送通道。到2020年,全省形成"一中心三支撑全覆盖"电网格局,云南西电东送总规模在现有基础上继续提升,建设中国面向南亚、东南亚的电力交易中心,打造大湄公河区域电力交换枢纽。[①]

在油气通道方面,截至2015年年底,云南全省已投产油气管道总长2074千米,在建油气管道总长2723千米,新增进口油气管道长度居全国第一,云南省天然气支线管道也进入建设高峰期。以中缅油气国际大通道和炼化基地为依托,构建省内成品油、天然气安全稳定供应体系,云南省油气行业实现跨越式发展,油气供应能力实现突破,我国陆上第三油气进口通道初显雏形,到2020年,云南省力争建设石油、天然气管道线路合计达5800千米左右。[②]

四 特色民族文化为云南新型城镇化发展提供了独特的气质与风貌

在经济全球化背景下,随着国家综合国力的提升,文化因素作为国家软实力已经被越来越多的人所认可,文化与经济之间的互生关系也变得日益突出,文化的发展已经深深融入社会发展中,成为城市经济发展的重要推动力和衡量社会进步的重要指标。与此相伴,文化产业也成为衡量一个国家或地区经济社会发展程度的重要标志。而民族文化作为民族凝聚力和创造力的重要源泉,不仅为城市独特性发展提供了创新的土壤,同时民族文化产业对城市经济发展也起着促进作

---

① 云南干部教育网:《云南完善基础设施 争创发展新优势》,http://www.ynce.gov.cn/content.aspx?id=04436433298。

② 同上。

用,是城市化可持续发展的重要因素之一。

(一) 民族文化为城市独特性发展提供创新的土壤

民族文化是重要的文化遗产,是城市文明的"根"[①],在城市化过程中起到了积极的作用。正是由于各地区民族文化的差异,从而使城市各具特色。经过历史演变遗留下来的民族文化传统由于具备了历史的延伸价值和独特性而显示出持久的魅力,当在特定的时空内与特定的群体、特定的文化价值取向结合在一起的时候,显示出了其发展的独特性,因此可以说,民族文化为城市的独特性形成创造了非常具有"营养"的土壤。

云南是中国少数民族最多的省份之一,共有26个民族(人口超过5000人的民族)生活在云南境内,其中少数民族人口约占全省总人口的1/3,由于地域和文化的差异,各少数民族之间形成了较为独特的民族文化,如大理白族的滇西南诏文化、丽江纳西族的东巴文化、怒江傈僳族的酒文化、西双版纳傣族贝叶文化、红河哈尼族梯田文化等迥然不同的民族文化,也使各城市之间独具特色,并构成了城市文化发展的基础。

(二) 民族文化资源可以通过民族文化产业促进城市经济的发展

民族文化资源是各民族在日常生产、生活中所形成的行为习惯,它是具有一定的再生产潜力的文化,根据社会经济发展的需要,民族文化资源所潜藏着的经济、社会价值能够创造出一定的经济效益。

云南民族文化资源种类繁多,各少数民族在建筑、服饰、舞蹈等方面都有不同的文化传统,民族节日也是各具特色,如彝族的火把节、大理白族的三月街、西双版纳傣族的泼水节、丽江纳西族的三朵节、陇川景颇族的目瑙纵歌、泸水傈僳族的刀杆节等,已经成为各民族的文化符号。在新型城镇化的过程中,城市可以根据其民族文化特色,把民族文化资源合理地利用到城市的发展与规划中去,这不仅有利于丰富城市文化的底蕴,为城市的发展增添民族元素,还能利用文

[①] 张永刚:《城市化进程中的云南民族文化资源》,《楚雄师范学院学报》2015年第8期。

化资源来大力发展文化产业,形成具有特色的民族文化产业,促进城市文化市场的繁荣,在发扬本民族文化的同时,有效地促进城市经济的发展。

随着社会经济的发展,云南省开始挖掘民族文化资源,文化产业也逐渐走向繁荣。2003年,云南进行文化体制改革,推出了一系列民族原生态的歌舞剧表演,如《丽水金沙》《云南映象》《蝴蝶之梦》《云南的响声》《小河滴水》等文艺作品,产生了较好的经济效益和社会效益,促进了城市经济发展,提升了城市知名度。同时,优秀的民族工艺也已经形成完整的产业链,各民族地区特色的饮食文化也成为文化产业发展的"云南现象"。2015年,云南省文化产业统计显示,全省文化产业实现增加值425.05亿元,较2014年增长7.11%,占全省地区生产总值的3.12%,已成为云南经济新的增长点和支柱产业。2016年11月,《云南文化产业"十三五"发展规划》提出,"十三五"期间,云南省将重点打造民族文化休闲娱乐业,运用高科技、新手段,突出民族文化内涵打造演艺节庆品牌,策划云南民族节庆活动;在空间布局上,将以昆明为中心,打造民族文化创意之都,大力发展以民族特色文化内容和创意成果为核心价值的产业群,成为具有中国西部民族特色的创意产业之都和对南亚东南亚具有辐射与带动作用的创意产业的新高地。到2020年,文化产业有望成为云南省国民经济的支柱产业,进而为新型城镇化储备新型产业支撑。

(三)民族文化中优良的道德传统促进了的城市文明建设

民族文化是民族在长期生活中形成的行为习惯,制定的各项规章制度、各类文化活动等,在一定程度上可以约束人们的行为活动,从而保证社会稳定发展,同时少数民族中许多优良的道德传统观念和精神品质,也是建设城市精神文明的基础。

五 教育资源配置为云南新型城镇化发展提供了动力支撑

所谓城镇化,实质上是农业人口转化为非农业人口的过程。在这一过程中,教育、医疗等社会公共服务体系与城镇化之间有着密切的联系。一方面,教育水平提升是城镇化建设的应有之义,城镇化的发展过程也是教育不断完善的过程;另一方面,教育、医疗等公共服务体系的不断投入客观上促进了城镇化建设。在这里，我们主要分析教育对云南城镇化发展的促进作用。

对于教育与城镇化之间的相互促进作用，我们可以从近年来教育经费与城镇化水平之间的相互关系来分析。城镇化发展可以被视为一种集聚的经济体，需要大量具有技术水平的人力资本作为支撑，而教育则是培育城镇化发展中提高人力资本技术水平的有效手段。格拉泽（Glaeser）等通过数据证明，相对于教育水平低的城市，居民教育水平较高的城市经济增长速度更快。[①] 杨俊和李雪松指出，提高居民教育水平，减小教育机会的不均等，有利于促进人力资本的积累和长期的经济增长。[②]

在云南省城镇化建设的过程中，随着经济的发展，教育也在不断地加大投入的力度，虽然近些年来学校的数目（见表2-12）并没有太多的变化，但投入经费每年都在不断地增长。2007—2015年，云南省教育经费投入由217.50亿元增长到758.02亿元，增长幅度为2.49倍，相较之前的外延扩大，教育的投入更注重教育质量的提升。

表2-12　　　2011—2015年云南省各级各类教育学校数目

年份	普通高等教育学校	中等教育学校			普通教育小学	幼儿园
		普通中等教育专业学校	高中	初中	职业教育中学		
2011	64	89	444	1700	193	13320	4257
2012	66	87	444	1680	192	13020	4768
2013	67	82	440	1674	188	12845	5326
2014	67	83	446	1667	175	12608	6129
2015	69	81	465	1679	171	12413	6540

资料来源：《云南统计年鉴（2016）》。

[①] Glaeser, E., Saiz, A., Burtless, G. and Stranger, W., *The Rise of the Skilled City*, Brookings – Wharton Papers on Urban Affairs, Brookings Institution Press, 2004, pp. 47–105.

[②] 杨俊、李雪松：《教育不平等、人力资本积累与经济增长：基于中国的实证研究》，《数量经济技术经济研究》2007年第2期。

教育质量提高的同时，云南城镇化水平也在不断提升。图2-9非常直观地反映出城镇化和教育经费投入之间的协同增长关系，这也说明教育水平的提高推动了城镇化建设。

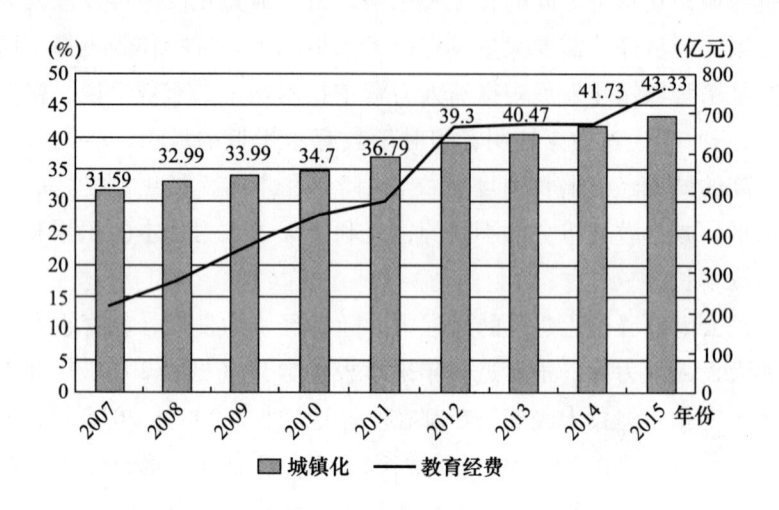

图2-9 教育经费投入与城镇化水平的关系

资料来源：历年《全国教育经费执行情况统计表》。

教育培养掌握一定技术的人员，从而带动城镇化的建设，但是，不同类型的教育对城镇化所起的作用是不同的。就一致性而言，高等教育与城镇化的发展具有高度的一致性，中等教育次之，而职业中等教育的一致性却体现得不明显（见图2-10、图2-11和图2-12）。究其原因，一方面体现在大学生中有一部分是从农村而来，他们毕业后大部分会留在城市，成为城镇居民，从而本身就完成了城镇化过程；另一方面大学生毕业后会较快地投入社会工作，从而推动社会发展，带动城镇化建设。当然，从这种一致性中，我们可以得出受教育程度越高，相应的城镇化水平也就越高。虽然中等教育并没有表现出高度一致性，但是，我们也不应该认为基础教育不重要，一方面，只有接受中等教育，才会有接受高等教育的可能性；另一方面，中等教育能够提高大众的受教育水平，使大众具有一定的劳动技能，有利于农村劳动力的转移，从而实现城镇化。

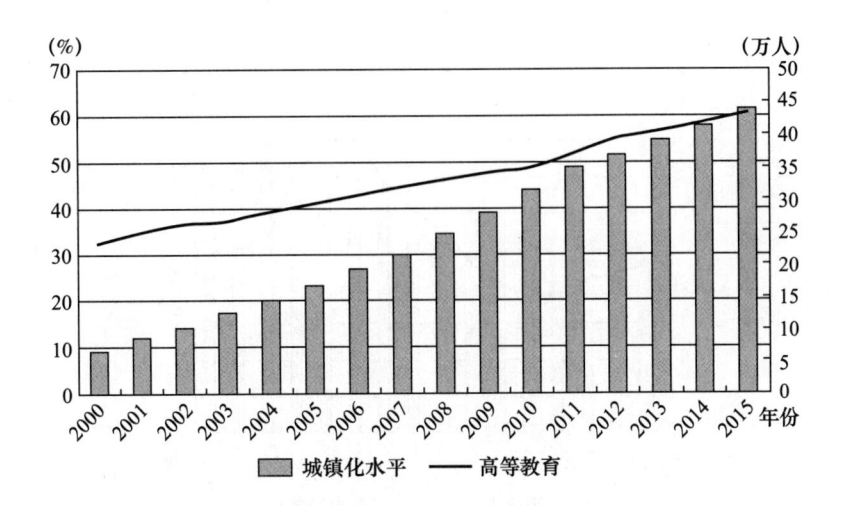

图 2-10　高等教育与城镇化水平的关系

资料来源：根据历年《云南统计年鉴》和历年《全国教育经费执行情况统计表》整理得出。

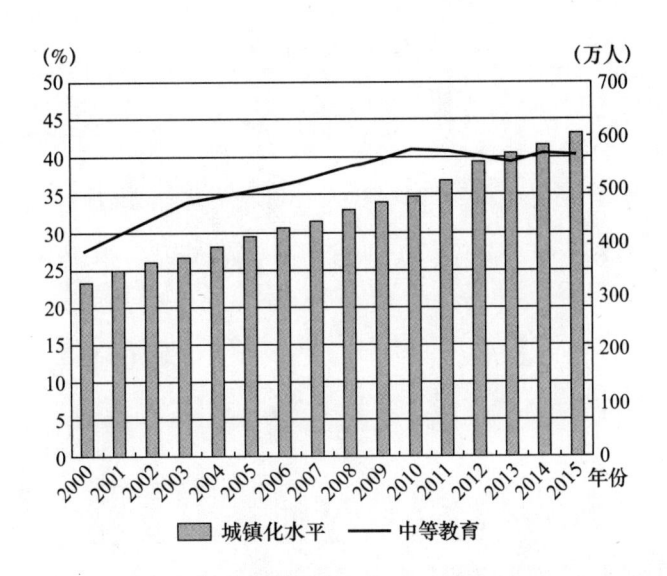

图 2-11　中等教育与城镇化水平的关系

资料来源：根据历年《云南统计年鉴》和历年《全国教育经费执行情况统计表》整理得出。

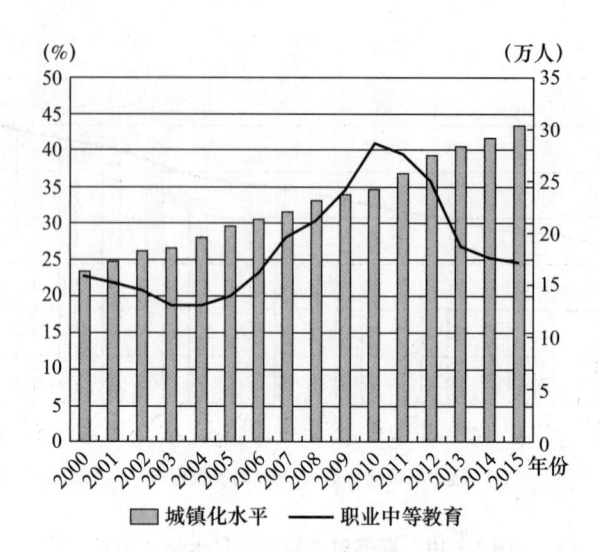

图 2-12　职业中等教育与城镇化水平的关系

资料来源：根据历年《云南统计年鉴》和历年《全国教育经费执行情况统计表》整理得出。

第二篇　现状与问题

第三章　云南城镇化发展水平

近年来，云南城镇化建设进程不断加快，全省已形成较为完整的城镇体系，建设水平不断提升，城镇发展规模不断扩大，城镇综合承载能力大大增强，有力地促进了云南经济社会快速可持续发展。但与此同时，与云南全面建成小康社会的总体目标和面向南亚、东南亚辐射中心战略的要求相比，云南城镇化发展还存在诸多问题。例如，城镇化发展水平与全国相比，还存在不小差距；只有一个大城市，城镇结构体系发展不够完善；城镇化发展质量不高，缺乏产业支撑；城镇化发展动力不足，人口向城镇转移较为缓慢等。这就需要我们重新检视云南城镇化发展过程中出现的这些问题，只有通过科学合理地评价云南城镇化发展现状，找出"病因"，才能在风险与机遇并存的开放经济背景下"对症下药"，才能在国家"一带一路"倡议中占有先机。

第一节　云南城镇化发展水平

云南城镇化建设和发展水平主要呈现以下三个特征：一是总体水平不断上升，但明显低于全国平均水平；二是与东中部发达省份相比较，发展水平还存在较为明显差距；三是云南省内部发展水平不均衡，空间差异化显著。

一　总体水平：明显低于全国平均水平

进入21世纪以来，云南省加快了城镇化建设的步伐，但与全国城镇化平均水平相比较，还存在不小差距。2000年，云南省城镇化率

（城镇人口数占总人口的比重）达到了23.63%，相比之下，全国平均城镇化率已达到了36.22%。2006年，云南省城镇化率突破30%的大关，城镇化率达到了30.50%，而同期全国平均城镇化水平已达到44.34%。2014年，云南城镇化率已达到历史新高的41.73%，但仍远远低于同期全国平均水平的54.77%（见图3-1）。

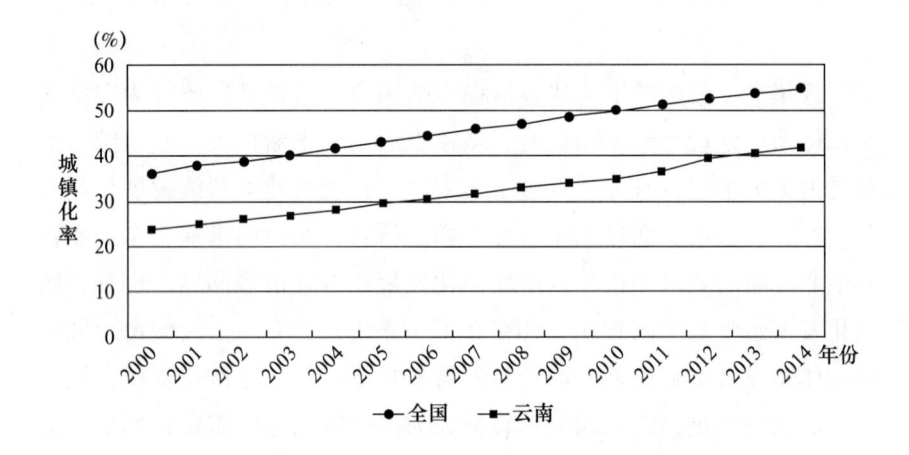

图3-1 2000—2014年云南省与全国城镇化率比较

资料来源：《中国统计年鉴》（2001—2015）。

从城镇化发展规律来看，云南城镇化目前处于急剧上升的加速阶段。诺萨姆（Northam，1979）曾将城镇化的发展规律划分为三个阶段：城镇化水平较低且发展缓慢的初始阶段、城镇化水平急剧上升的加速阶段、城镇化水平较高且发展平缓的最终阶段。[①] 诺萨姆指出，区域城镇化率第二阶段的初始时期低于25%，在达到60%—70%后才进入第三个发展阶段。焦秀琦（1987）运用Logistic增长方程计算了英国等8个国家的城镇化发展的"S"形曲线回归方程，建议将城镇化的三个发展阶段的分界点定为30%和70%。[②] 借助于这些文献贡献的参考值，大致可以判定云南目前41.73%的城镇化率仍处于第二

[①] Northam, R. M., *Urban Geography*, John Wiley & Sons, 1979, pp. 65 – 67.
[②] 焦秀琦：《世界城市化发展的S形曲线》，《城市规划》1987年第2期。

个发展阶段。从理论上看，处于该阶段的区域仍然具有较大的城镇化发展潜力。

二 横向比较：与发达地区差距明显

与东中部经济发达省份相比，云南的城镇化率仍然较低。2014年，北京、天津和上海3个直辖市的城镇化率已达到80%以上，上海的城镇化率直逼90%，辽宁、江苏、浙江、福建、广东等东部沿海省份的城镇化率也已经达到60%以上。而同期云南在全国31个省市区的城镇化排名中，居全国倒数第四位，城镇化率仅为41.73%，仅领先于甘肃、贵州和西藏（见图3-2），与经济发达地区的城镇化建设水平差距明显。

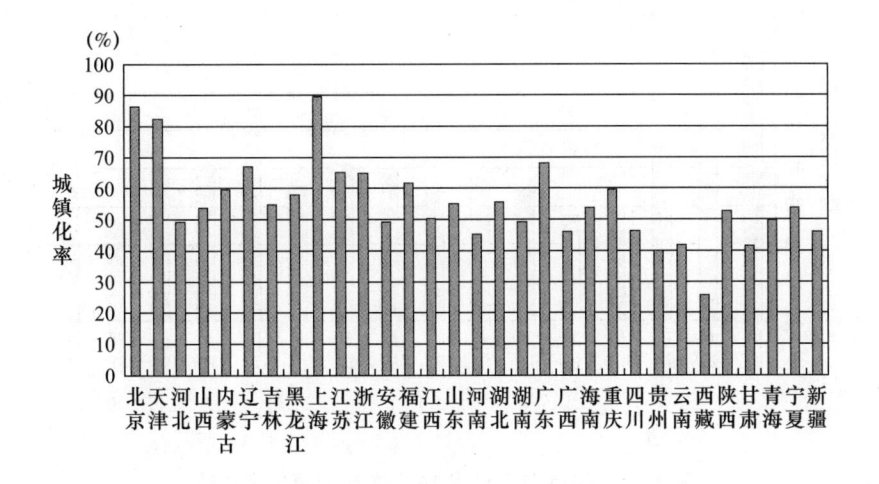

图3-2 2014年全国31个省市区城镇化率比较

资料来源：《中国统计年鉴（2015）》。

与相邻省份相比较，2014年，四川、广西和贵州的城镇化率分别为46.30%、46.01%和40.01%，云南只领先贵州1.72个百分点。但从时间维度来看，贵州在2007年的城镇化率仅为28.24%，到2014年增长了41.48%，而云南2007—2014年只增长了32.06%。在全球经济不景气、国内经济下行预期较为明显的背景下，云南在城镇化建设的道路上仍然面临着不小压力。

三 空间差异：内部发展不均衡

从云南城镇化水平的空间分布来看，云南各市州城镇化水平空间差异较大。2014年，昆明的城镇化率达到了69.05%，居全省首位。玉溪、曲靖、西双版纳分列第二位至第四位，分别达到45.38%、42.89%和41.75%，其他市州均低于全省平均水平。除上述市州外，滇中城市群中的楚雄城镇化率仅为38.75%，低于红河、西双版纳和德宏。而怒江、昭通和迪庆3个市州的城镇化率分别为26.62%、27.49%和29.48%，未达到30%，云南内部市州的城镇化水平空间分布极不均衡。

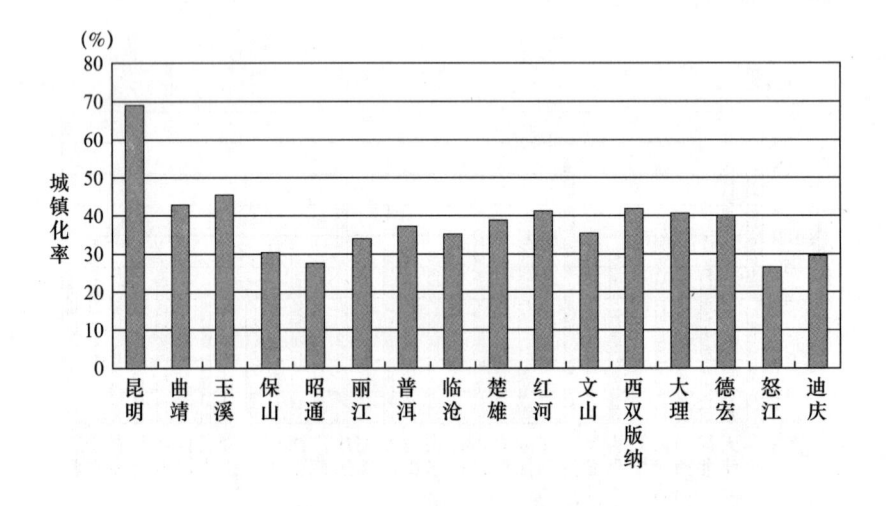

图3-3 2014年云南省16个市州城镇化率比较

资料来源：《云南统计年鉴（2015）》。

按照诺萨姆和焦秀琦对城镇化发展阶段的划分，云南只有昆明已经接近第三阶段，即接近城镇化水平较高且发展平缓的最终阶段。从空间分布差异来看，除昆明外，滇中城市群的曲靖、玉溪和楚雄因经济总量大，所以，城镇化发展较为领先；红河以丰富的矿产资源、烟草和旅游业为依托，也有着较高的城镇化率；大理、西双版纳依靠旅游业对城镇化建设拉动作用显著。而怒江、昭通和迪庆3个城镇化率低于30%的市州还处于城镇化水平较低且发展缓慢的初始阶段。

四 规模分布：城镇等级体系不合理

城市或者城镇的规模分布主要由三种类型组成，即首位分布、位序—规模分布和过渡分布。其中，首位分布是指在一国或者区域内最大城市的人口规模极大地超过了人口规模第二大的城市，而且最大城市的人口规模是第二大城市的两倍以上，或者是排名前4位城市的一倍以上；位序—规模分布是指在一国或者区域内各个城市的人口规模与其排序相一致的城市等级规模结构，也即排名第二位城市的人口规模是第一位城市人口规模的1/2，排名第三位城市的人口规模是第一位城市人口规模的1/3。以此类推，过渡分布则是介于两者之间。

一个国家或区域的城镇结构体系常用的度量方法之一是城市首位律，该方法是马克·杰克逊于1939年提出的，旨在测度一国或者区域的城镇规模分布规律。该方法认为，许多国家普遍存在的一种现象是，最大城市的人口是排名第二位城市人口的两倍或者三倍以上，并进一步将这种依靠城市规模上的优势，吸引经济社会生产要素流动，在政治、经济、文化等多方面处于领先地位的城市称为首位城市。而用来对这种区域城镇规模结构进行测量的首位律方法，主要是通过对两城市指数、四城市指数来进行判定，两种城市指数的测量方法为：

$S_2 = P_1 / P_2$

$S_4 = P_1 / (P_2 + P_3 + P_4)$

式中，P_i 为城市在一国或区域中人口规模的排名，S_2 与 S_4 分别为两城市指数和四城市指数。一般而言，正常的两城市首位度指数应该为2，四城市首位度指数应该为1，若测度值超出正常值较多，则可以认为，该区域城市规模分布呈现首位分布；反之亦然。

本书采用该方法来度量云南的城市规模分布状况。其中，人口规模的数据采用2014年10月《国务院关于调整城市规模划分标准的通知》（国发〔2014〕51号）中城区常住人口（＝城区人口＋城区暂住人口）来表征。由于数据可得性的限制，我们以《中国城市建设统计年鉴（2014）》中公布的云南20个城市的城区人口与城区暂住人口加总为城区常住人口（见表3-1）。根据《国务院关于调整城市规模划分标准的通知》，以城区常住人口为统计口径，可将城市划分为五类七档。城区常住人口为 50 万以下的城市为小城市，其中，20 万以上 50 万以下的城市为 I 型小城市，20 万以下的城市为 II 型小城市；城区常住人口为 50 万以上 100 万以下的城市为中等城市；城区常住人口 100 万以上 500 万以下的城市为大城市，其中，300 万以上 500 万以下的城市为 I 型大城市，100 万以上 300 万以下的城市为 II 型大城市；城区常住人口为 500 万以上 1000 万以下的城市为特大城市；城区常住人口为 1000 万以上的城市为超大城市。① 根据该划分标准，2014 年，云南仅有昆明 1 个大城市，仅有曲靖 1 个中等城市，而云南其他 18 个城市均为小城市。

表 3-1　　　　2014 年云南 20 个城市位序—规模分布　　　　单位：万人

城市名称	位序	城区常住人口	城市名称	位序	城区常住人口
昆明	1	370.20	普洱	11	22.32
曲靖	2	59.13	个旧	12	22.15
大理	3	30.42	文山	13	20.97
昭通	4	29.69	开远	14	20.15
楚雄	5	28.49	景洪	15	19.13
宣威	6	28.16	临沧	16	17.93
保山	7	27.80	弥勒	17	15.76
安宁	8	25.90	丽江	18	14.58
玉溪	9	25.61	芒市	19	14.28
蒙自	10	25.33	瑞丽	20	10.35

进一步以表 3-1 数据为基础，结合两城市指数和四城市指数来综合判定云南城市规模分布状况。经计算，2014 年云南两城市指数为 6.26，显著大于 2；四城市指数为 3.10，显著大于 1。这表明，云南的城市首位度极高，属于典型的首位分布，中等城市极为缺乏。通常在一国或者区域内，城市或城镇的等级规模分布，会存在一种较为普

---

① 《国务院关于调整城市规模划分标准的通知》，http://www.gov.cn/zhengce/content/2014-11/20/content_ 9225. htm/，2014-10-29/2015-10-04。

遍的规律，规模等级越高，城市数量越少；规模等级越低，城市数量越多，即城市等级规模会呈现一种类似于金字塔的结构。但是，从云南城镇等级体系来看，中等城市只有一个，小城市过多，云南的城镇等级体系还不是很合理，这种等级体系不利于城市群的建设和城市间的联动发展，这也会使昆明周边城市对昆明的经济社会综合承载力的分担能力较弱。

第二节　云南城镇化发展质量

人口城镇化率是区域城镇化水平在量上的表征，而城镇化质量则是区域城镇化发展水平在质上的表征。

一　综合评价体系构建

城镇化质量是一个较为综合的概念，因此，遵循一定的原则，科学合理地综合经济、社会、生态环境等各方面发展状况，构建一个能够包括城镇化发展质量内涵的综合评价体系至关重要。

（一）构建指标体系的基本原则

城镇化质量评价的指标体系要经过综合区域发展状况，科学评价城镇化质量内涵，来选取具有代表性的指标，构建指标体系。城镇化质量的评价准确与否与指标体系构建是否合理密切相关，对云南城镇化质量的评价指标体系构建既要能够体现出综合性和客观性，又要能够体现出云南城镇化发展质量的特点。因此，在评价指标体系构建过程中，要遵循以下四个基本原则。

1. 综合性原则

城镇化质量的评价包含经济、社会、生态环境等多方面的内涵。指标选取过程中的综合性原则，是指在指标选取过程中注重城镇化内涵的系统性和全面性，尽可能地考虑到研究对象的方方面面，减少信息的遗漏，以确保城镇化质量的评价指标体系能从多角度覆盖评价对象。

2. 科学性原则

构建评价指标体系的科学性原则主要体现在两个方面：一是要避免指标层次过于复杂和指标体系过于庞大，尽量减少不相关指标的信息干扰，所选取的指标都要经过科学合理的论证；二是要尽量保证数据来源真实和可靠，这样，才能客观和准确地衡量云南城镇化发展质量。

3. 代表性原则

构建评价指标体系的代表性原则是指所选取的指标要能够真实、科学地衡量城镇化发展质量的特征与内涵。在指标选取的过程中，既要仔细分析选取的指标所包含的理论意义，同时要充分考虑选取指标所具有的区域发展特征，在理论与实际相结合的基础上合理确定。

4. 可操作性原则

通常建立一个综合性的指标评价体系，就要求指标的概念直观、明确、易计算和资料易收集，并且指标数量恰当。但同时城镇化系统是一个复杂的开放巨系统，指标的选取应当全面，这样，就无法避免数量庞大，庞大的指标体系又会造成巨大的计算量，而且冗余信息也会影响城镇化质量评价的精确性。这时就需要在考虑数据收集的可得性和兼顾前述三个原则的基础上，有选择性地选取指标，构建尽可能合理的指标体系。

（二）指标体系的确定

城镇化质量既是与城镇化数量相对应的概念，也是衡量城镇化发展水平的一个方面。本书在参考前人的研究成果基础上，将云南城镇化发展质量分为经济、服务、环境和城乡4个一级子系统，上述各个一级子系统中分别包含经济发展与产业支撑、公共服务与基础设施、人居环境与生态治理和人口转移与城乡融合4个二级子系统，进行城镇化发展质量内涵分解。

经济子系统包含经济发展和产业支撑两个二级子系统，分别衡量云南各市州经济和产业发展状况。传统的城镇化质量量化评价一般都只考虑经济发展状况，而未充分考虑产业发展对城镇化发展的重要支撑作用。欧美发达国家的城镇化实践经验表明，产业革命是促进城镇发展的主导力量，是制造业在城市集聚的核心力量，社会化分工和大生产导致了生产服务业和生活服务业从自给自足状态的分离，进一步扩大了就业岗位，从而使更多的农业人口转移到城镇。所以，产业支撑是城镇化健康可持续发展的关键，也是城镇化发展的重要内生动力。该子系统下，我们通过人均GDP、人均居民储蓄、人均财政收入和人均固定资产投资4项指标来表征区域经济发展水平。人均GDP用来代表区域居民收入水平；居民储蓄不仅是衡量资本形成的重要指标，也有监测居民自有保障程度的功能；人均财政收入主要用来衡量政府利税活动和经济发展景气程度；人均固定资产衡量区域投资水平。产业支撑水平用人均工业增加值、人均规模以上工业企业开发新产品经费和第三产业增加值占GDP比重3个指标来衡量，其中，人均工业增加值和第三产业增加值占GDP比重用来衡量工业和服务业对地区城镇化的产业支撑作用，人均规模以上工业企业开发新产品经费主要衡量区域创新活力和产业的可持续发展能力。

服务子系统分别包含公共服务和基础设施两个二级子系统，主要是衡量区域城镇中公共服务提供的"软服务"水平和基础设施提供的"硬服务"水平。公共服务是政府利用财政支出，向社会提供公共服务和产品的一种功能。基础设施是为居民提供公共服务的物质设施，也是保障在城镇空间集聚的社会化大生产正常运行的公共服务系统。因此，公共服务和基础设施在某种程度上都是保障城镇体系正常运转的基础。在具体的指标选择上，本书用万人拥有卫生机构人员数、人均公共图书馆藏书和万人拥有普通中学专任教师数来代表城镇的卫生、文化和教育等的公共服务水平；用万人拥有卫生机构床位数、人均电信业务总量、城镇人均建筑面积和人均拥有汽车数来分别代表城镇的基础设施水平。

环境子系统包含人居环境和生态治理两个二级子系统，用来衡量城镇居民的生产生活生态环境以及区域行为主体对生态环境的治理程度。城镇化发展归根结底是经济社会生产要素从农村向城镇流动，其中，人口的流动是经济社会要素流动的核心，而人居环境的好坏直接影响着城镇居民生产生活，在我国当前环境污染日益加重的现实背景下,居民"用脚投票"来决定人口流动方向的机制越发显著。所以,在城镇化质量评价由以"物"为主向以"人"为主的转向过程中,将人居环境和生态治理单独列为城镇化发展质量的一个子系统是必要的。本书利用人均公园绿地面积、建成区绿化覆盖率和人均绿化覆盖率3个指标来衡量云南城镇人居环境,用工业固体废弃物综合利用率、工业用水重复利用率、工业废水处理率和空气综合污染指数来衡量云南各市州城镇发展的生态治理。

城乡子系统包含人口转移和城乡融合两个子系统,主要是衡量云南人口城镇化和城乡一体化水平。从以往对城镇化质量指标体系的设计来看,随着研究的深入,城镇化发展质量评价指标体系经历了从初期的一般性指标体系构建,到分维度的指标体系构建,再到目前较为完善的包括经济、社会、人口、生态环境等方面的指标体系构建。但传统的城镇化发展质量评价存在一个较为明显的缺陷,就是忽略了城乡融合问题①,而城乡一体化是城乡关系的最高级阶段,也是城镇化发展质量评价的一个重要方面。本书用城镇人口比重、城镇登记失业率和城镇就业人员比重来衡量区域农业人口向城镇转移的力度,其中,城镇人口比重主要用来测量人口转移的数量,而城镇登记失业率和城镇就业人员比重主要用来衡量人口转移的质量。用人均耕地面积、城乡居民收入比和城乡居民消费水平差异系数来衡量城乡融合水平,其中,城乡居民收入比和城乡居民消费水平主要用来衡量城镇和乡村居民之间的收入和消费差异,而人均耕地面积主要是为了考察土地城镇化过程中,城镇建设是否挤占了过多的耕地,从而导致城乡失调。

以经济发展与产业支撑、公共服务与基础设施、人居环境与生态治理和人口转移与城乡融合4个子系统为主的云南城镇化发展质量评价指标体系如表3-2所示。

---

① 苏红键、朱保念、李善国:《中国城镇化质量评价研究进展与展望》,《城市问题》2015年第12期。

表3-2　　　　　　　云南省城镇化质量评价指标体系

目标层	一级子系统	二级子系统	指标层	指标单位	指标属性
云南省城镇化发展质量	经济子系统	经济发展	C_1：人均GDP	元	正向型
			C_2：人均居民储蓄	万元	正向型
			C_3：人均财政收入	万元	正向型
			C_4：人均固定资产投资	万元	正向型
		产业支撑	C_5：人均工业增加值	万元	正向型
			C_6：人均规模以上工业企业开发新产品经费	元	正向型
			C_7：第三产业增加值占GDP比重	%	正向型
	服务子系统	公共服务	C_8：万人拥有卫生机构人员数	人	正向型
			C_9：人均公共图书馆藏书	册	正向型
			C_{10}：万人拥有普通中学专任教师数	人	正向型
		基础设施	C_{11}：万人拥有卫生机构床位数	张	正向型
			C_{12}：人均电信业务总量	万元	正向型
			C_{13}：城镇人均建筑面积	平方米	正向型
			C_{14}：人均拥有汽车数	辆	正向型
	环境子系统	人居环境	C_{15}：人均公园绿地面积	平方米	正向型
			C_{16}：建成区绿化覆盖率	%	正向型
			C_{17}：人均绿化覆盖面积	平方米	正向型
		生态治理	C_{18}：工业固体废弃物综合利用率	%	正向型
			C_{19}：工业用水重复利用率	%	正向型
			C_{20}：工业废气处理率	%	正向型
			C_{21}：空气综合污染指数	—	负向型
	城乡子系统	人口转移	C_{22}：城镇人口比重	%	正向型
			C_{23}：城镇登记失业率	%	负向型
			C_{24}：城镇就业人员比重	%	正向型
		城乡融合	C_{25}：人均耕地面积	亩	正向型
			C_{26}：城乡居民人均收入比	—	负向型
			C_{27}：城乡居民消费水平差异系数	—	负向型

二 赋权方法与数据说明

(一) 赋权方法

指标权重赋权方法的抉择是城镇化质量评价中的重要一环，指标权重值确定的方法不同，对云南城镇化发展质量最终结果的准确性和可信度都有重大影响。现有对城镇化发展质量的综合评价研究中，针对指标权重的设定，通常包含两种方法。一种是主观赋权法，另一种是客观赋权法。主观赋权法主要有德尔菲法、层次分析法等，这种类型的方法主要是通过多位专家根据经验对每项指标赋予权重，因此，也可称为专家赋权法。客观赋权法包括熵权法、因子分析法、均方差权值法等，这种类型方法赋权的依据主要是通过数据之间的数学关系及各项指标所提供的信息量来确定，由于客观赋权法不依靠人的主观经验，所以，一般会被更多的学者认可和采用。本书采用客观赋权法中的熵权法来确定各项指标的权重。熵是物理学中的概念，从熵的含义来看，依据决策的信息量可以提升决策的精度，在多目标决策中是一个较为理想的方式。熵值法确定权重的主要步骤如下：

1. 标准化评价矩阵构建

首先，根据表 3-2 中的指标体系，建立 m 个市州和 n 个指标的原始数据矩阵 $V = (v_{ij})_{m \times n}$。设云南城镇化质量问题的原始评价指标矩阵为：

$$V = \begin{bmatrix} v_{11} & v_{12} & \cdots & v_{1n} \\ v_{21} & v_{22} & \cdots & v_{2n} \\ \vdots & \vdots & \cdots & \vdots \\ v_{m1} & v_{m2} & \cdots & v_{mn} \end{bmatrix} \quad (3-1)$$

为了消除指标数量级、量纲和指标属性的不同造成的影响，先将原始数据进行标准化处理。若指标数据是正向型，那么意味着数据越大越好，数据标准化采用式（3-1）中的上式；若指标数据是负向型，那么意味着数据越小越好，数据标准化采用式（3-2）中的下式。

$$r'_{ij} = \begin{cases} v_{ij} - \min(v_{ij}) / [\max(v_{ij}) - \min(v_{ij})] & \text{效益指标} \\ \max(v_{ij}) - v_{ij} / [\max(v_{ij}) - \min(v_{ij})] & \text{成本指标} \end{cases} \quad (3-2)$$

式中，v_{ij} 为第 i 个年份第 j 项指标的原始值，r'_{ij} 是进行标准化之后的数值。但进行标准化之后，有可能出现"0"值，为了使数据进行标准化之后仍有意义，本书将进行标准化之后的数据整体向右平移1个单位，即 $r_{ij} = r'_{ij} + 1$。最后得到经过平移后的标准化矩阵 R：

$$R = \begin{bmatrix} (r'+1)_{11} & (r'+1)_{12} & \cdots & (r'+1)_{1n} \\ (r'+1)_{21} & (r'+1)_{22} & \cdots & (r'+1)_{2n} \\ M & M & M & M \\ (r'+1)_{m1} & (r'+1)_{m2} & \cdots & (r'+1)_{mn} \end{bmatrix} = \begin{bmatrix} r_{11} & r_{12} & \cdots & r_{1n} \\ r_{21} & r_{22} & \cdots & r_{2n} \\ M & M & M & M \\ r_{m1} & r_{m2} & \cdots & r_{mn} \end{bmatrix}$$

(3-3)

标准化后的数据序列最大值为1，最小值为0。

2. 指标权重计算

在评价的信息系统中，信息熵表示信息的无序程度，信息熵越小，信息的无序程度就越低，信息有用程度就越低，指标的重要性就越小；反之，信息熵越大，则信息的无序程度就越高，信息的有用程度就越高，指标的重要性就越大。

$$e_j = -k \sum_{i=1}^{m} \left[(r_{ij} / \sum_{i=1}^{m} r_{ij}) \times \ln(r_{ij} / \sum_{i=1}^{m} r_{ij}) \right] \quad (3-4)$$

$$\omega_j = (1 - e_j) / \sum_{j=1}^{n} (1 - e_j) \quad (3-5)$$

式（3-4）中，$k = 1/\ln m$，k 代表波尔茨曼常量；式（3-5）中，e_j 代表第 j 项指标的熵，ω_j 代表第 j 项指标的信息熵权重值。

（二）数据说明

在对云南城镇化发展质量的衡量过程中，因数据可得性限制，本书主要以2014年云南省16个市州的城镇化发展质量测度为主。其中，万人拥有卫生机构人员数、万人拥有普通中学专任教师数、万人拥有卫生机构床位数、人均电信业务总量、城镇人均建筑面积、城镇登记失业率、人均耕地面积、城乡居民收入比、城乡居民水平差异系数9项指标的原始数据来源于《中国区域经济统计年鉴（2014）》，衡量的是2013年云南各市州的发展水平。其余17项指标的原始数据来源于《云南统计年鉴（2015）》，衡量的是2014年云南各市州的发展水平。虽然数据来源年份相差1年,但是,本节主要测度云南各市州城镇化发展质量的空间差异,所以,对城镇化发展质量整体评价影响不大。其中,城乡居民收入比=城镇居民可支配收入/农村居民人均纯收入;城乡居民水平差异系数=城镇居民人均消费支出/农村居民人均消费支出。

三 云南城镇化发展质量评价

（一）评价过程

为较为系统地分析云南城镇化发展质量,本书不仅要为云南城镇化发展质量的总体系统进行综合性评价,而且要针对各个一级子系统进行差异性评价,所以,本书针对两者构造了衡量云南城镇化发展质量的两套权重体系。

首先,针对总体系统的权重,运用式（3-2）、式（3-3）对衡量云南16个市州城镇化质量27项指标的原始数据进行标准化处理,并进一步采用式（3-4）和式（3-5）来确定指标体系中各项指标的权重,具体结果可见表3-3。

表3-3　　　　云南城镇化发展质量总系统各项指标权重

指标	C_1	C_2	C_3	C_4	C_5	C_6	C_7	C_8	C_9
权重	0.041	0.035	0.036	0.038	0.046	0.040	0.041	0.034	0.036
指标	C_{10}	C_{11}	C_{12}	C_{13}	C_{14}	C_{15}	C_{16}	C_{17}	C_{18}
权重	0.036	0.031	0.054	0.040	0.036	0.027	0.028	0.033	0.040
指标	C_{19}	C_{20}	C_{21}	C_{22}	C_{23}	C_{24}	C_{25}	C_{26}	C_{27}
权重	0.051	0.040	0.049	0.032	0.035	0.033	0.040	0.026	0.025

其次,针对经济系统、服务系统、环境系统和城乡系统各个一级子系统,分别对每个子系统采用的数据标准化方法和熵权法确定指标权重,具体结果如表3-4所示。

表 3-4　云南城镇化发展质量各子系统各项指标权重

经济子系统	C_1	C_2	C_3	C_4	C_5	C_6	C_7
权重	0.147	0.127	0.130	0.137	0.166	0.144	0.150
服务子系统	C_8	C_9	C_{10}	C_{11}	C_{12}	C_{13}	C_{14}
权重	0.128	0.136	0.136	0.114	0.202	0.150	0.134
环境子系统	C_{15}	C_{16}	C_{17}	C_{18}	C_{19}	C_{20}	C_{21}
权重	0.101	0.103	0.122	0.150	0.192	0.148	0.183
城乡子系统	C_{22}	C_{23}	C_{24}	C_{25}	C_{26}	C_{27}	
权重	0.167	0.183	0.174	0.209	0.136	0.131	

利用表 3-3 和表 3-4 中的总系统和各个子系统指标权重值与标准化系数结合，便可得到如表 3-5 所示的云南城镇化发展质量总系统和子系统的综合评价值。

表 3-5　云南城镇化发展质量总系统和各子系统各项指标权重

市州	总系统	经济子系统	服务子系统	环境子系统	城乡子系统
昆明	0.724	0.857	0.702	0.528	0.837
曲靖	0.378	0.204	0.348	0.511	0.487
玉溪	0.438	0.501	0.376	0.348	0.564
保山	0.258	0.125	0.173	0.413	0.353
昭通	0.211	0.018	0.075	0.464	0.326
丽江	0.383	0.243	0.349	0.570	0.371
普洱	0.254	0.095	0.122	0.443	0.406
临沧	0.296	0.102	0.140	0.519	0.485
楚雄	0.432	0.218	0.316	0.663	0.582
红河	0.372	0.260	0.260	0.552	0.440
文山	0.270	0.101	0.172	0.434	0.423
西双版纳	0.413	0.250	0.333	0.551	0.569
大理	0.365	0.189	0.401	0.483	0.404
德宏	0.425	0.226	0.340	0.707	0.436
怒江	0.327	0.179	0.425	0.540	0.104
迪庆	0.389	0.489	0.474	0.308	0.237

(二) 评价结果分析

1. 云南城镇化发展质量的子系统评价

分别将表3-4中各个子系统中的权重与标准化矩阵加权计算之后，便得到经济子系统、服务子系统、环境子系统和城乡子系统各个一级子系统的综合评价值。

(1) 云南各市州经济子系统综合评价值。从云南各市州经济子系统的综合评价值来看，如图3-4所示，云南各市州的经济发展水平差异巨大。昆明的经济发展质量综合得分最高，达到了0.857分，经济发展质量综合得分最低的昭通仅为0.018分。在经济系统占比最高的指标人均工业增加值上，昆明达到了1.581万元，全省最高，而昭通仅为0.396万元，全省最低。昆明人均规模以上工业企业开发新产品经费达到了484.22元，而第二位的红河为190.57元。工业企业开发新产品的经费是本书在衡量产业支撑水平上主要的区域创新能力的表征，而昆明作为云南的唯一大城市，在众多的资源分配中都占据绝对优势。

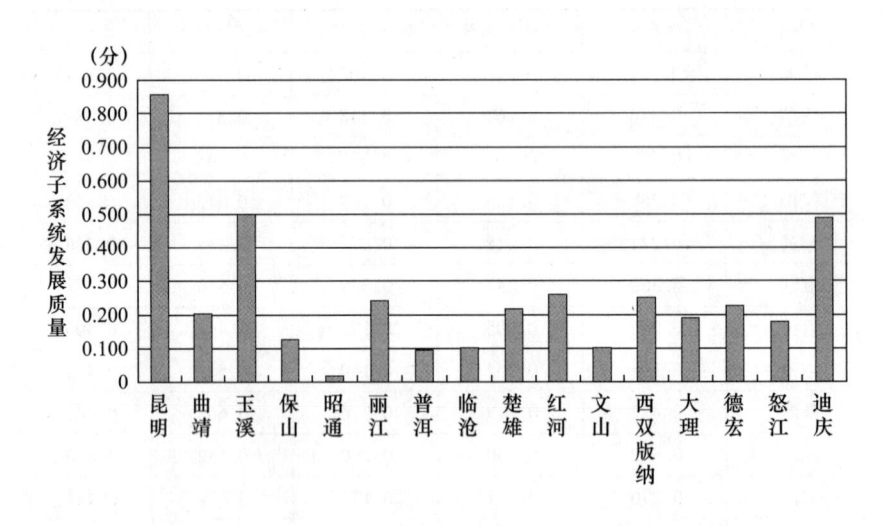

图3-4 2014年云南省16个市州经济子系统发展质量

排名第二位的是滇中城市群的核心城市之一——玉溪，其经济发展质量综合得分达到了0.501分，这在合理之中。但排名第三位的并不是传统的经济总量较大的市州，而是迪庆，其经济发展质量综合得分达到了 0.489 分。究其原因，2014 年，迪庆的人口规模仅为 40.8 万，为全省最少，而人均固定资产投资达到 6.07 万元，为全省之最。在此基础上，其人均 GDP 达到了 36187 元，仅次于昆明和玉溪的 56236 元和 50500 元。同时，迪庆的第三产业增加值占 GDP 比重达到了 57.8%，为全省最高，所以，迪庆的经济发展综合评价值位列全省前三位，既有固定资产投资增加带来的随机性因素的影响，又有"香格里拉"旅游品牌效应带来的确定性因素的影响。

排名第四位至第十位的分别是红河、西双版纳、丽江、德宏、楚雄、曲靖和大理，这几个市州中，综合评价值最高的是红河的 0.26 分，最低的是大理的 0.189 分。楚雄和曲靖也是滇中城市群的核心城市，而西双版纳、丽江、德宏、大理要么拥有优质的旅游资源，要么具有较为优质的边境口岸等，这些优势让这几个市州在城镇化发展质量评价的指标体系下经济发展质量排名靠前。

根据以上分析，大致可以将云南各个市州的经济发展质量划分为三个梯队：居于第一梯队的城市为昆明；第二梯队的城市有两个，分别是玉溪和迪庆；其他城市组成第三梯队。但需要注意的是，这里所指的经济发展质量是在城镇化发展质量指标体系下的特殊衡量，与真正含义的经济发展质量评价的综合内涵有所区别。

(2) 云南各市州服务子系统综合评价值。服务子系统主要从由基础设施代表的"硬服务"水平和由公共服务代表的"软服务"水平两个方面来衡量。与云南各市州的经济发展综合水平相比较，云南各市州服务子系统的综合评价值差异在缩小 (见图 3-5)。

在服务子系统的发展质量综合评价中，昆明依然以 0.702 分的综合得分排在全省首位，迪庆、怒江、大理分列第二位至第四位，综合得分分别为 0.474 分、0.425 分、0.401 分。其中怒江排名第三位，主要是因为怒江的人口规模较小，2014 年年末总人口仅为 54.2 万，仅多于迪庆。而在人口基数过少的背景下，怒江在万人拥有普通中学专任教师数以及人均公共图书馆藏书两项指标中都位居前列，所以，怒江服务子系统发展质量较高，主要是公共服务二级子系统代表的"软服务"质量较高。

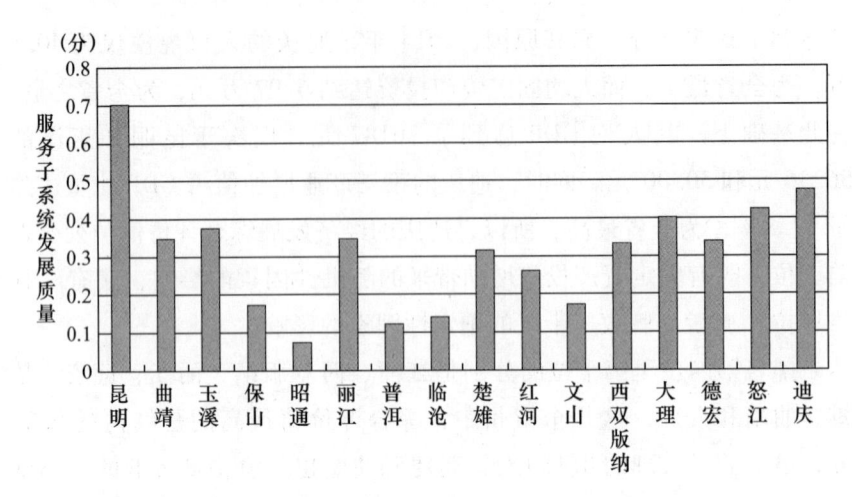

图 3-5　2014 年云南省 16 个市州服务子系统发展质量

同样，曲靖、玉溪和楚雄 3 个滇中城市群的核心城市的服务子系统发展质量较高。以旅游产业作为支柱产业的丽江、大理、西双版纳，依靠旅游业带动基础设施建设和公共服务水平提升，服务子系统发展质量也排名较为靠前。

（3）云南各市州环境子系统综合评价值。环境子系统主要是衡量云南各市州城镇人居环境和人为生态治理的努力。从图 3-6 来看，云南各市州环境子系统的评价值差异与云南各市州的经济和服务子系统的评价值差异并不构成明显的相关性。从图 3-6 可以看出，德宏

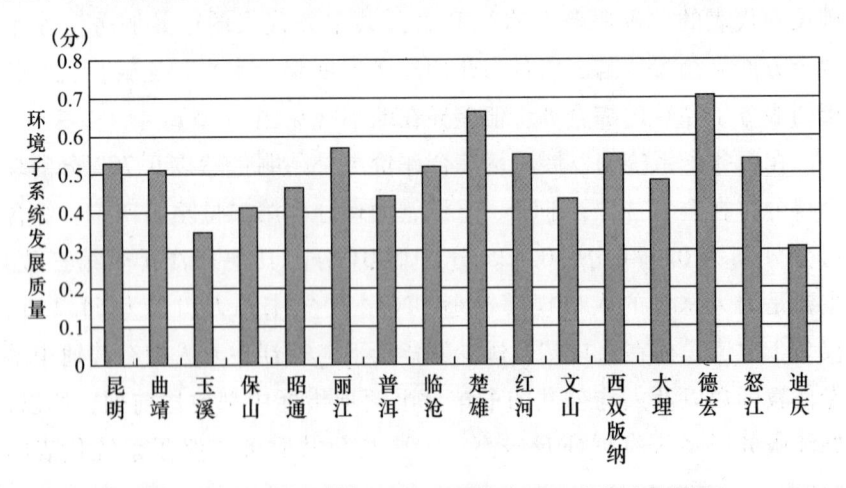

图 3-6　2014 年云南省 16 个市州环境子系统发展质量

的环境子系统综合评价值为全省最高,达到了 0.707 分。综合评价值在 0.5—0.6 分的是楚雄,综合评价值在 0.5—0.6 分的排名第三位至第九位的是丽江、红河、西双版纳、怒江、昆明、临沧和曲靖。

从图 3-6 中可以看出,评分最低的是迪庆和玉溪,环境子系统综合评价值分别为 0.308 分和 0.348 分。玉溪是云南工业基地之一,随着经济规模的扩大和经济的发展,在生态治理的努力程度上却还不够。例如,其 2014 年工业固体废弃物综合利用率仅为 36.047%,远低于全省平均水平的 53.856%;工业废气处理率仅为 12.2%,为全省最低,远低于全省平均水平的 34.37%。与迪庆在经济子系统和服务子系统形成鲜明对比的是,迪庆的环境子系统综合排名全省最低,这主要是因为,迪庆在人居环境的建设上表现不好。例如,其 2014 年人均公园绿地面积为 5.930 平方米,全省平均水平为 9.648 平方米;其 2014 年建成区绿化覆盖率为 8.464%,低于全省平均水平的 12.872%。

(4) 云南各市州城乡子系统综合评价值。城乡子系统主要是由人口转移和城乡融合两个二级子系统组成,人口转移二级子系统从农村转移到城镇的数量和质量两个方面来衡量,城乡融合二级子系统从城镇化过程中的土地结构、城乡收入差异和消费差异三个方面来衡量。从图 3-7 中可以看出,云南各市州的城乡子系统发展差异大致呈现"橄榄形"结构,即除去部分市州取值极大和部分市州取值极小之外,大部分市州的城乡子系统发展水平差异不大。

2014 年,昆明的城乡子系统综合评价值为 0.836 分,是唯一在 0.6 分以上的市州。昆明在该子系统的综合评价值能排第一,主要是因为在人口转移二级子系统中,无论是表征农村转到城镇的数量和质量都排在全省第一位。综合评价值在 0.3—0.6 分的市州包括除去昆明、迪庆和怒江以外的其他市州。

迪庆的城乡子系统的综合评价值为 0.237 分,位列云南全省倒数第二位。怒江的城乡子系统综合评价值仅为 0.104 分,排在云南省倒数第一位。究其原因,怒江与迪庆在人口转移方面评分较低,其中怒江和迪庆的 2014 年人口城镇化率仅为 26.6% 和 29.5%,而 2013 年

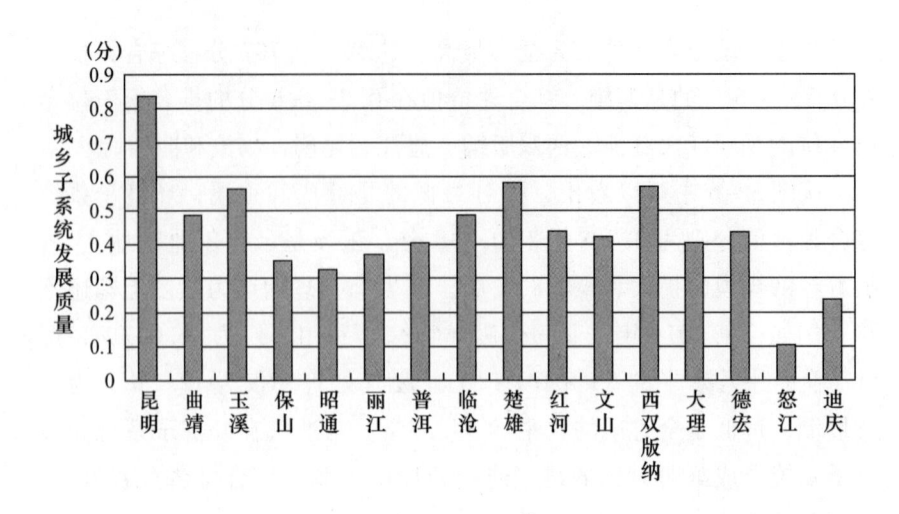

图 3-7　2014 年云南省 16 个市州城乡子系统发展质量

城镇登记失业率分别为 3.75% 和 3.90%，都高于全省平均水平的 3.60%。在城乡协调方面，受限于自然本底的差异，怒江和迪庆的人均耕地面积分别为 49.57 亩和 30.6 亩，显著小于全省平均水平的 185.4 亩，城乡居民收入差异和城乡居民消费水平差异，也均大于全省平均水平，分列全省第一位和第二位。例如，从城乡居民收入比该项指标值来看，怒江和迪庆分别为 4.92 分和 4.29 分，远大于 16 个市州的平均水平 3.54 分。这就可以看出，怒江和迪庆均是城镇经济和服务子系统发展质量较高，而城乡协调发展能力较差的市州。两者同处于云南西北角，地形上属于喜马拉雅山的余脉，生态环境极为脆弱，因而不适合农业耕作，但同时依靠优质的旅游等资源，逐渐发展起以现代服务业为主的城镇支撑体系，是不同于一般制造业驱动的城镇化发展道路。

2. 云南城镇化发展质量的总体评价

城镇化发展质量不同于城镇化发展水平，其既包含经济发展与产业支撑水平、公共服务与基础设施水平，又包含人居环境与生态治理水平和人口转移与城乡融合水平，所以，城镇化发展质量更能体现云南各市州的城镇化综合发展水平，云南各市州城镇化发展质量如图 3-8 所示。

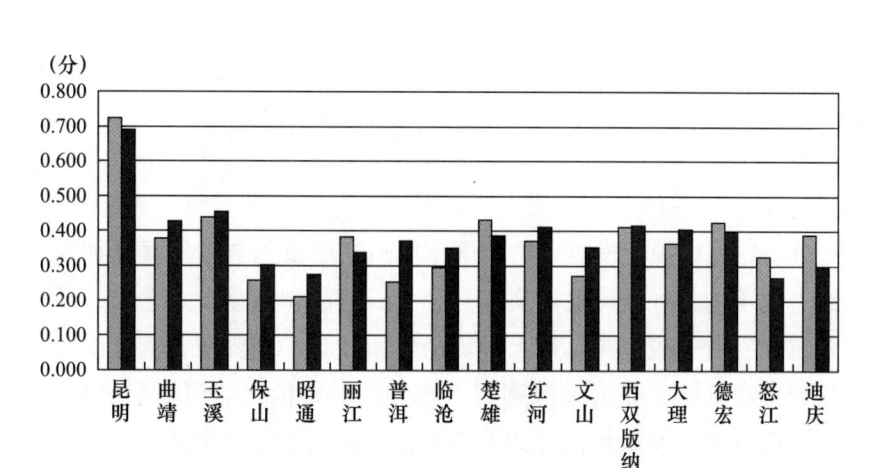

图 3-8　2014 年云南省 16 个市州城镇化发展质量与水平

云南城镇化发展质量总体评价值最高的是昆明，达到了 0.724 分。总体评价值在 0.4—0.5 分的市州有 4 个，分别为排名第二位至第四位的玉溪、楚雄、德宏和西双版纳，其中，玉溪为 0.438 分、西双版纳为 0.413 分。总体评价值在 0.3—0.4 分的市州有 6 个，分别为排名第六位至第十一位的迪庆、丽江、曲靖、红河、大理、怒江，其中迪庆为 0.389 分，怒江为 0.327 分。其余的临沧、文山、保山、普洱、昭通 5 个市州总体评价值在 0.2—0.3 分，全省最低的是昭通。总体来看，云南城镇化发展质量存在着较为显著的空间差异，集经济实力、人口和资源聚集、交通区位、政策倾斜等优势于一体的昆明，其城镇化发展质量仍然远远高于其他市州。滇中城市群的其余三大核心城市——玉溪、楚雄和曲靖——的城镇化发展质量分列第二位、第三位、第八位。

即使本书用城镇化率来表征城镇化发展水平，用综合评价法来测度得出城镇化发展质量，虽然两者量纲不同，不能直接进行个体水平与质量的比较。但总体而言，云南城镇化发展质量的空间差异以城镇化发展水平的空间差异为基础。

第三节　云南城镇化发展动力

分析区域城镇化发展动力,既不能离开城镇化基本发展规律盲目总结,也不能无视区域发展实际。分析云南的城镇化发展动力,既要在城镇化发展一般规律基础上提炼出云南经验,也要在云南实践过程中深化理论总结。在这一原则下,本书基于城镇化的历史发展规律,结合云南城镇化发展的路径以及开放经济背景下云南特殊地缘优势主导的城镇化发展新动力,系统地分析云南城镇化发展的动力。

云南城镇化道路是我国城镇化道路的一部分,在中国特色社会主义市场经济体制下,云南的城镇化发展动力具有鲜明的中国特色,即以市场机制为原动力和以政府推动为辅动力的中国特色城镇化发展道路。同时,云南依靠悠久的历史文化和绚丽的自然风光,走出了一条文旅融合带动城镇化的新路。在全球经济一体化的开放经济背景下,云南城镇化的发展也有极大的优势创造属于自身的城镇化新动力。

一　以市场机制为主的原动力

在市场经济体制下,云南城镇化具有市场经济下城镇化发展的一般过程。城镇化作为一种历史过程,从不同的学科定义出发,主要表现为四个方面:(1)经济学角度的城镇化是指农村自给自足的传统经济向以分工为基础的社会化大生产的现代经济转变的过程;(2)人口学角度的城镇化是指农村人口向城市人口转变的过程;(3)地理学角度的城镇化是农村景观向城市景观转变的过程;(4)社会学角度的城镇化是农村生活方式向城市生活方式转变的过程。但是,这种历史过程更多地表现为城镇化的外在表象,而不是内在原因。生产力的发展以及其导致的社会分工和交换是乡村和城镇彼此分离的基本动因和历史前提。城镇首先是一个市场聚落,而后发展成为一个聚落的经济中心,继而演变为在有限地域内集经济实体、社会实体、物质实体于一体的复杂有机体。① 这一演变过程中，市场机制是主导社会化大生产在一定地理空间集聚的原动力。

（一）经济增长是城镇化发展的宏观动力

生产力的发展与城镇化是相互促进的关系，生产力发展助推了城镇化发展，城镇化发展反过来又对提升生产力发展起着重要作用。自改革开放以来，伴随我国经济40年的高速增长，城镇化也实现了快速发展。经济增长促进城镇化发展的宏观逻辑是：区域经济的增长会使居民收入得到较大程度提升，反映在产品结构上，就是居民需求层次以及消费结构发生相应改变。在此基础上，居民会减少对收入弹性较低产品的消费，增加对收入弹性较高产品的消费。这种需求结构的变动就会导致产业结构发生改变，促进产业结构优化升级，进而增加生产要素在城镇的集聚。这个过程就是城镇化发展的过程。

经济增长从内部集聚和外部涓滴对城镇化产生影响。经济增长的内部集聚，就是经济要素的集聚，其中劳动力集聚和人力资本集聚带动了城镇化最根本的人的发展。经济增长使城镇居民可支配收入提高，促使城镇居民的消费，增加了城市内在的需求动力，这样会聚集一些产业来满足城镇化过程中人的需求；同时由于经济增长带来的人均可支配收入的增加，使消费达到一种个性化消费，人们变得个性化需求发展，这样，在产业的基础上，促使了地区服务业的网络模块化发展，即消费模式的变化促使了产业供应的柔性生产，在此基础上促使经济要素流动，促使城镇化的进一步发展。在经济增长内部集聚构成城镇化原动力的同时，也会产生一种扩散效益，也就是涓滴效应。城镇化内部要素的流动也会带动城市周边的要素流动以及要素配置，这样的要素最优配置，使城镇化逐渐地从中心地区辐射到周边地区，从主导产业的垂直一体化到产业的水平专业化，这样的涓滴效应会形成城镇的扩散效应，从两个维度进行城镇化的发展。第一维度就是产业的附带发展，促进上下游产业发展，以至于在产业上进行模块化分工，形成水平专业化的发展。第二维度就是经济要素带动城镇化发

---

① 陈敏之：《论城市的本质》，《城市问题》1983年第2期。

展，城镇化在经济增长宏观动机基础上，劳动力参与度提升，使劳动力参与到城镇化进程，带动一种人的城镇化，让城镇化成为一种以农民市民化为主题的真正城镇化。经济增长带动的城镇化是一种演进的城镇化，发展趋势落实到人的发展，人参与到具体产业的发展城镇化不会产生一种城市贫困效应。这样，城镇化的趋势会朝着一种良性循环的方式促进城镇化的进一步发展，以人的发展理念的城镇化不会出现城镇化的倒退机制。

(二) 产业发展是城镇化发展的中观动力

城镇作为区域经济的核心和增长极，通过城镇发展的辐射作用，对农村区域生产要素有巨大的吸引力，农村和城镇的劳动流动促进了要素在空间上的集聚，这种要素集聚进一步促进了市场的形成。同时，劳动力流动的空间集聚，进一步促进了地区的网络模块化分工，带动了分工的进一步产生；在分工进一步的精细化的前提下，人们的认知观念发生改变，这样的经济要素流动会促使人不断城市化。基于青木昌彦的网络模块化的产业结构分工视角，经济要素的集聚和配置，带来了产业结构的形成，这样的产业结构形成促进了地区的推动型产业的发展，在新经济地理学的理论阐述中，这样的推动型产业的发展，促使了经济区域中心的产生，因此，从产业结构方面促进了城市化。在经济增长的过程中，不但有要素的集聚效应，而且在这样的要素集聚过程中会产生要素的配置效应，这样，要素的市场充分配置，会形成模块化分工的外延式发展，其他产业随着推动型产业进行上下游配置，在产业垂直一体化条件下形成水平一体化，产业的形成会促进区域的城市发展。

从空间视角和模块化分工视角来看待产业结构对城镇化的动力机制，产业的空间集聚促使了城镇的形成，这样，从产业的微观视角来看，城镇化过程有最基本的产业平台。城镇化的居民可以有一定的就业渠道，有一定的产业经济来源，正如孟子说的"无恒产者，无恒心"。那么产业的空间形成中，产生了城镇的恒产，人们在这样的恒产中有自己的经济收益，促进城市的消费体系以及个性化消费需求，在这样的循环中，进一步促进了城镇化发展。在产业的模块分工中，产业的模块化是在居民个性化需求的基础上,也是基于人们的认知能力的提升形成了产业模块。产业集聚形成了城镇化的中观视角,这样,城镇化产业的模块化可以构成一种认知能力,提升了自身的人力资本,进一步促进了产业的空间集聚。产业模块化分工视角下的城镇化的分工进一步细分,这样,城镇化的中观发展动力在分工基础上提升。

(三)要素流动是城镇化发展的微观动力

在城镇化进程中,农村人口由乡村向城镇集中,资金向城镇集聚,先进生产技术向城镇汇集,进而推动了城镇的成长和发展。要素的流动和集聚构成了城镇化发展的微观动力。

刘易斯的二元结构理论、费景汉—拉尼斯的人口流动模型以及托达罗的城乡人口流动模型分析了农村人口向城镇流动的内在机理。因此,从劳动力角度来看,当经济活动在城镇聚集,城镇的生产率高于农村,城镇的工资水平高于农村的工资水平时,就会吸引农村劳动力向城镇劳动力转变。同时,劳动力作为生产要素,具有一般生产要素所不具有的特点,即劳动力的载体是人,城镇的医疗、教育等公共服务软实力与基础设施等硬实力同样对农村人口产生了巨大的吸引力。从发展经济学的视角来看,以二元经济结构的切入点,劳动力通过从农村向城市转移,来促进城镇化的发展。这样,劳动力从传统农业向非农业部门流动,这是生产转移,农村剩余劳动力进城务工、经商等方式进入城市,促进城市发展。

从技术创新视角,创新是古典经济学的根本因素,技术创新会对经济规模产生重要作用,进而对城镇化的发展进程产生促进作用。在新经济地理学视角下,运输成本的降低促进了产业集聚,加速了城镇化。现代发达的信息技术,大数据、云计算技术的发展,信息流可以代替有形的物质流和人员流,减轻城市郊区的城镇化,减少了集聚成本。交通技术的进步,使交通成本降低,城市的辐射空间进一步扩大,进而促进了大城市、特大城市乃至超大城市的产生。

二 以政府推动为辅的策动力

(一)直接投资是促进城镇化发展的前提

地方政府和中央政府对城镇化的规划,通过直接投资的形式,大规模投资建设新城镇或基于老城进行旧城镇改造以实现城镇化的发展，支撑了中国城镇化发展，尤其是近些年中国城市化率已经以超过53%的势头迅猛发展。政府的大规模投资建设，在发展中国特色社会主义城镇化道路过程中，具有极其重要的作用；政府掌握着绝大多数社会经济发展的重要资源，而国家和省级政府的宏观政策是给予资源配置的一种特殊的工具性"资源"，这种资源偏向性的政策倾向是超脱市场手段的一种资源整合方式，拥有市场以外的超自然力。其本身就包括一种特定的先发支配权，特别是政府对城镇化的直接资本投入更表明其行政行为的资源配置取向，这种资源配置的政策取向对于一个地区的城镇化发展进程影响巨大。在新中国成立以来的中国城市化进程中，政府主导是中国城镇化的一个重要特征，政府行为在城镇化进程中起着关键性作用。在云南省政府直接投资促进城镇化建设的发展历程中，主要表现在两个重要方面：一是政府对特定区域内城镇基础设施的改善，进行投资建设和全区基础设施的更新换代，直接推动城镇化的发展，改善城市的基础设施系统，为城镇化建设增添活力；二是云南省政府对特定区域的主导产业和大型项目的直接投资，促使地区经济的进一步发展，将会对区域经济的发展和主导产业和城市经济的聚集功能产生巨大的推动作用，所以，在推动城镇化的发展过程中作用显著。

另外，云南省政府对区域产业布局和大型项目建设，推动了当地城镇化发展，省政府强化经济形势研判，及时出台经济社会稳定增长"27条"政策措施。城市化率进一步提升，2000年，云南省城镇化率（城镇人口数占总人口数比重）达到了23.63%，相比之下，全国平均城镇化率已达到了36.22%。2006年，云南省城镇化率突破30%大关，城镇化率达到了30.50%，而同期全国平均城镇化水平已达到44.34%。2014年，云南城镇化率已达到历史新高的41.73%，加强对城乡规划、建设和管理的指导。同时，云南省政府推进曲靖市、大理市等国家新型城镇化综合试点和玉溪市、五华区等智慧城市试点。滇中城市经济圈一体化迈出实质性步伐，滇中新区获国务院批复，管理体制机制得到理顺。腾冲、江川分别获准设市改区，建成城镇保障性安居工程 28.69 万套，建设农村危房改造和抗震安居工程 51.43 万户，鲁甸地震灾区 7.78 万户灾民搬进新居。① 推动"新房新村、生态文化、宜居宜业"美丽乡村建设，加快云南省城市化建设。

直接投资对城镇化的发展发挥着一定的资源配置作用，在云南省政府的规划下，在建设新型城镇化的措施中，将自身的城市发展融入国家"一带一路"建设、长江经济带等重大发展战略，大力推动本省区域的城镇化基础设施投入，对玉溪市和滇中城市经济圈进行新型的城镇化建设，推进了城市建设的新高潮。这样的投资建设对云南的投资性促进云南城镇化有一定的作用。综上分析，可以看到，无论是地方政府还是国家的大战略经济投入，都可以对城镇化产生重要的影响，以及促进城镇化发展的历程。

（二）制度安排是促进城镇化发展的基础

制度是在经济社会发展过程中逐渐形成的、以规范各种经济关系和经济活动的组织结构及行为规范，其目的在于降低经济活动中的交易费用，提高交易效率，实现资源的有效配置，提高劳动生产率。在由计划经济体制向社会主义市场经济体制过渡过程中，我国的制度变迁呈现出一种自上而下式的在政府推动下的局部缓慢变迁的过程，在这种制度变迁的过程中，政府是制度的供给者。在城镇化过程中，伴随着各种制度的局部性变迁，而这种变迁往往是一种渐进性的变化。城镇化可以看成是一种各种要素组合方式变化的过程，而这种要素组合方式的变化需要得到高质量的、合理的制度安排进行约束，以保证这些要素的重新组合能够获得更高的生产率。如果没有高质量的制度安排，就不会有交易效率的提高、交易费用的下降，就不会有各种生产要素的集聚，从而也就不会有城镇化的推进。因此，高质量的制度安排是城镇化有序推进的基础条件。如果没有高质量的制度安排，就不会有城镇化的发展。在我国，由于历史原因，导致在我国推进城镇化的过程中存在着大量的不合理的制度安排阻碍着城镇化的发展，比

---

① 云南省政府：《2016 年政府工作报告》，http://www.sxejgfyxgs.com/ArticleDetail.aspx?id=49。

如户籍制度、就业体制和社会保障制度等都严重地阻碍城镇化的有序推进。户籍制度是对人口流动的最大限制，如果没有户籍制度的限制，人口自由流动，农村剩余劳动力就会不断地流入城市，从而显著地提高城镇化率。人的城镇化是城镇化水平提高的重要条件。没有人的城镇化，就不会有真正的城镇化。因此，在探讨城镇化的过程中，必须首先重视人口的城镇化，注重户籍制度的改革最为重要。

近年来，随着我国户籍制度的改革，我国人口流动的限制逐渐得到放松，剩余劳动力逐渐流向了城市，人口城镇化逐渐得到显著的提升。2001年，云南省出台了《云南省城镇户籍制度改革意见》，针对户籍制度进行改革，以更好地伸进劳动力流动。云南省政府颁布了《关于进一步推进户籍制度改革的实施意见》（〔2015〕35号），规定自2016年1月1日，云南省取消了农业户口和非农业户口，这项政策的实施为进一步促进劳动力自由流动起到了重要的推动作用。根据《云南统计年鉴》，2001年，云南省人口城镇化率为23.35%（人口城镇化率＝城镇人口/农村人口），到2014年，云南省人口城镇化率达到41.73%，在过去的14年里，云南省人口城镇化率增长了78%左右，年均增长率为5.6%。说明随着云南省户籍制度的改革，云南省人口城镇化率也得到了显著提升。如果没有相关的制度安排的变迁，就不会有快速的城镇化发展。因此，制度安排是云南省城镇化快速发展的基础。

（三）区划调整是促进城镇化发展的手段

行政区划也是政府政策驱动力的一项重要措施，行政区划的变化会使城市面积和城市职能发生一定的改变以及城市功能区的建设，通过行政区划的合理划分、对资源的重新配置可以促进该区域总体发展速度。由于中国的城市具有不同的行政级别，城市是等级层次的，如直辖市、副省级城市、地级市、县级市、建制镇等不同层次的城市有着不同的权限，因此，通过提高行政区划的级别来改变城市等级层次，以求获得更多城市发展的资源以及进行城市资源重新配置，这样的一种方式已经成为许多地方政府加快城镇化进程的一种手段。城镇发展的这种方式是我国当前城镇化与欧美国家最主要的区别。

随着城乡经济社会的快速发展，以及2003年以来"新昆明"建设的强力推动，"一湖四环"的空间布局推动了昆明市城市规模日益扩大，城市的发展空间大大突破原来的界限。受到原区域划分的制约，五华、盘龙两区辖区范围面积狭小，资源配置有限，官渡、西山两区呈现出环状包围中心区，这样的资源配置限制了中心区的发展以及城市发展过程中的外延性发展。区域与区域之间资源配置不均衡，生产的布局极其不合理，由于城市的中心区面积狭小，人口过度密集，致使人口、资源和生态的承载力有限，严重限制了昆明市城镇化的发展，这样的城镇化难以协调经济与社会、经济与生态的发展，这样的因素限制了城市区域与区域之间的基本发展空间。在这样的背景下，昆明市政府以政府为主导进行了城市区域的整体布局，昆明市五华、盘龙、官渡、西山四区域的调整方案，对昆明内城进行整体的划分去区分四个区，同时在外延上建立呈贡新区。随着呈贡县和晋宁县先后撤县设区，昆明市发展空间进一步拓展到滇池东面的呈贡区和滇池南面的晋宁区。这样布局对昆明市的城市发展进程中的资源配置有重要作用，同时在城市的发展空间以及城市功能区建设方面也可承接各自的不同主体功能。昆明市对城市资源进行整体的综合配置，对城镇化的可持续发展有着重要的作用，这样的区域划分注入了城镇化的内生发展的动力，为城镇化的进一步发展带来系统之间的稳定发展。

三 以区域特色为翼的新动力

（一）生态文明助推绿色城镇

2015年4月25日，中共中央、国务院印发了《关于加快推进生态文明建设的意见》，指出要大力推进绿色城镇化建设。明确要求各地根据资源环境承载能力，构建科学合理的城镇化宏观布局，增强中小城市承载能力，促进不同规模城市的协调发展；在城镇建设过程中，要充分尊重自然格局，严格依托现有山水脉络和气象条件，合理布局城镇各类空间；同时要求城市发展要传承历史文化，保护好自然景观，提倡形态的多样性，保持特色和风貌，防止"千城一面"；在城市开发强度上，强调要依据资源环境承载能力，参照主体功能区理念，推动城镇化发展由外延扩张式向内涵提升式转变；要强化城镇化过程中的节能理念，大力发展绿色建筑和低碳、便捷的交通体系，推进绿色生态城区建设，提高城镇供排水、防涝、雨水收集利用、供热、供气、环境等基础设施建设水平。① 同时，云南省委、省政府不仅出台了《关于努力成为生态文明建设排头兵的实施意见》，而且在"十三五"规划中的指导思想、发展理念和目标要求上都要求体现绿色发展的重要思想，明确提出，坚持绿水青山就是金山银山，发展绿色经济，建设绿色城镇，倡导绿色生活，要争当全国生态文明建设的"排头兵"。

（二）文化与旅游产业融合发展旅游城镇

文化与旅游产业融合发展和城镇化建设相辅相成，文化与旅游产业和城镇化两者的作用机制可以从以下两个方面来说明。一是文化与旅游产业和城镇化有高度的资源及消费市场的耦合，城镇产业主导的物质消费与旅游主导的精神消费的相互促进，使城镇不仅有休闲度假的功能，还有观光和旅游购物的功能。二是文化与旅游产业和城镇化有着"流"要素的耦合，"流"要素主要包括人流、物流、信息流和金融流等，人流和信息流之间的交织可以促进金融流和物流在城镇空间中的集聚，旅游活动为城镇带来了人流，而城镇又时常作为旅游活动的服务中心地，这就使城镇成为"流"要素的聚集中心，从而带来规模效应和产业联动效应。大量研究指出，旅游业每增加1个就业岗位，就能给社会（轻工、商业、民航、铁路、城建）创造5—7个间接就业机会。② 而城镇人口增长与经济增长则需要大量城镇建设用地来满足居民居住和生产用地需求。这说明文化与旅游产业能显著推进人口城镇化与土地城镇化过程。

云南向来以民族文化绚丽和自然景观多样而著名，依托文化和旅游产业带动云南城镇化发展，也是云南依托区域特色，发展城镇化的重要动力。

---

① 中共中央、国务院：《关于加快推进生态文明建设的意见》，http://www.scio.gov.cn/xwfbh/xwbfbh/yg/2/Document/1436286/1436286.htm/，2014-10-29/2015-10-04。

② 生延超、钟志平：《旅游产业与区域经济的耦合协调度研究——以湖南省为例》，《旅游学刊》2009年第8期。

（三）开放经济带动口岸城镇

随着经济全球化的不断深入，国际经贸交流与合作日趋频繁，发展对外经济是推动城镇化进程的重要动力机制。亚当·斯密（1776）指出，交换源于分工和专业化，在生产力水平既定的条件下，交易可以实现交易双方福利水平的显著改善，在区域发展过程中，需要注重对外开放的重要作用。对外开放可以通过发挥地区的比较优势，形成专业化分工，从而形成本区域具有竞争力的特色行业。在新背景下，在推进云南省城镇化发展过程中，需要借助"一带一路"倡议，依据云南省连接南亚、东南亚的重要陆地区位优势，推动云南省与周边国家之间的经贸合作和交流。2015年3月，国家发展改革委、外交部、商务部联合发布了《推动共建"丝绸之路经济带"和"21世纪海上丝绸之路"的愿景与行动》，指出，要"发挥云南区位优势，推进与周边国家的国际运输通道建设，打造大湄公河次区域经济合作新高地，建设成为面向南亚东南亚的辐射中心"。在国家"一带一路"建设背景下，云南省积极响应、采取一系列的措施，推动云南省在"一带一路"建设、孟中印缅经济走廊、中国—中南半岛经济走廊建设过程中的主动融入和服务。通过扩大对外开放，可以不断地推进云南省社会经济的发展，促进人口在城市间、城乡的合理流动，从而加快云南省城镇化建设步伐。

另外，由于云南省作为面向东南亚的边境省份，连接越南、缅甸、老挝等国家，可以通过开放边境城市，加快云南省与周边国家之间的人口流动、资金流动和物资流动。2016年12月23日，云南省政府办公厅印发《关于云南省沿边开放经济带发展规划（2016—2020年）》（云政办〔2016〕142号）的通知，规划8个边境市州的25个边境县市，地域面积9.25万平方千米，人口690多万。沿边开放经济带的规划为云南省城镇化发展提供了新的契机。云南省由于具有得天独厚的自然环境，发展对外旅游业，吸纳更多的国外旅游者前往云南省旅游，为更多的人口流入城市提供就业空间，也是云南省加快城镇化发展的重要动力。

第四章 云南城镇化进程中存在的主要问题

从第三章云南省城镇化发展现状评价结果来看,云南省城镇化总体水平低于全国平均水平,且城镇化区域差异显著、城镇体系结构不合理问题突出。针对云南城镇化的现状,有必要进一步分析云南城镇化进程中存在的主要问题。

第一节 城镇建设中的主要问题

区域城镇化中表现出的主要问题从过程和状态两个层面反映出来。因此,本章主要从城镇建设和人口城镇化两个方面对云南省城镇化面临的问题进行分析。

一 城镇化水平偏低

云南的城镇化进程是在自然地理环境制约明显、发展水平较低、农村贫穷贫困面大、城乡二元结构突出、区域发展不平衡的特殊省情下推进的。其一,由于受到经济、历史、社会、自然等诸多因素的综合制约,云南的城镇化水平依然偏低。2015年,全国常住人口城镇化率是56.10%,云南省的城镇化率是43.33%,云南省常住人口的城镇化水平比全国低12.77个百分点,相当于全国10年前的平均水平(见表4-1、表4-2和表4-3),户籍人口城镇化率偏低。其二,设市城市数量偏少。截至2015年年底,全省设市城市只有22个,建制镇只有668个,而且城市规模结构不合理,昆明市作为云南的省会城市和云南省唯一的特大城市,其城市首位度明显偏高;从全省城镇空间格局来看,城镇发展的空间布局不平衡,东部多西部少(见表4-

4);城镇特色不够突出,功能结构不够合理,"千城一面"、重复建设问题依然存在;基础设施比较薄弱,尤其是县级城镇建设投入不足;工业化落后于城镇化要求,产业支撑乏力;城市的经济集聚效应、要素集聚效应、人口集聚效应不够强,农民工流动就业占比大等,城镇化进程中还有许多问题尚未解决。

表4-1　　1949—2015年云南省人口城镇化率（年末数据）

年份	总人口（万）	城镇人口（万）	人口城镇化率（%）
1949	1595.0	—	—
1952	1695.1	82.3	4.86
1957	1896.8	237.1	12.50
1958	1914.5	349.7	18.27
1960	1894.6	305.2	16.11
1962	1963.7	275.0	14.00
1965	2160.4	261.4	12.10
1970	2503.3	271.2	10.83
1973	2746.9	323.9	11.79
1974	2819.0	326.1	11.57
1975	2884.3	335.9	11.65
1976	2951.7	343.3	11.63
1977	3024.6	351.7	11.63
1978	3091.5	375.7	12.15
1979	3134.8	388.3	12.39
1980	3173.4	395.4	12.46
1981	3222.8	416.5	12.92
1982	3283.1	433.0	13.19
1983	3330.8	472.0	14.17
1984	3372.1	698.7	20.72
1985	3418.1	904.6	26.46
1986	3480.0	1007.5	28.95
1987	3534.0	996.2	28.19

续表

年份	总人口（万）	城镇人口（万）	人口城镇化率（%）
1988	3594.0	1426.1	39.68
1989	3648.0	1524.5	41.79
1990	3730.6	1510.1	40.48
1991	3782.1	1555.2	41.12
1992	3831.6	1608.1	41.97
1993	3885.2	1664.0	42.83
1994	3939.2	1782.1	45.24
1995	3989.6	1821.3	45.65
1996	4041.5	1857.4	45.96
1997	4094.0	1937.3	47.32
1998	4143.8	1951.7	47.10
1999	4192.4	1991.3	47.50
2000	4240.8	990.6	23.36
2001	4287.4	1066.0	24.86
2002	4333.1	1127.0	26.01
2003	4375.6	1163.9	26.60
2004	4415.2	1240.7	28.10
2005	4450.4	1312.9	29.50
2006	4483.0	1367.3	30.50
2007	4514.0	1426.4	31.60
2008	4543.0	1499.2	33.00
2009	4571.0	1554.1	34.00
2010	4601.6	1601.8	34.81
2011	4631.0	1704.2	36.80
2012	4659.0	1831.5	39.31
2013	4686.6	1897.1	40.48
2014	4713.9	1967.1	41.73
2015	4741.8	2054.6	43.33

资料来源：相关年份《云南统计年鉴》，经过整理。

表4-2　　云南省人口城镇化率和全国平均水平的比较

年份	云南总人口（万）	云南城镇人口（万）	云南城镇化率（%）	全国城镇化率（%）	差值（百分点）
1978	—	—	12.80	19.80	-7.00
1982	3283.1	433.0	12.86	21.13	-8.27
2000	4240.8	990.6	23.36	36.22	-12.86
2001	4287.4	1066.0	24.86	37.66	-12.80
2002	4333.1	1127.0	26.01	39.09	-13.08
2003	4375.6	1163.9	26.60	40.53	-13.93
2004	4415.2	1240.7	28.10	41.76	-13.66
2005	4450.4	1312.9	29.50	42.99	-13.49
2006	4483.0	1367.3	30.50	43.90	-13.40
2007	4514.0	1426.4	31.60	44.94	-13.34
2008	4543.0	1499.2	33.00	45.68	-12.68
2009	4571.0	1554.1	34.00	46.59	-12.59
2010	4601.6	1601.8	34.81	49.95	-15.14
2011	4631.0	1704.2	36.80	51.27	-14.47
2012	4659.0	1831.5	39.31	52.57	-13.26
2013	4686.6	1897.1	40.48	53.73	-13.25
2014	4713.9	1967.1	41.73	54.77	-13.04
2015	4741.8	2054.6	43.33	56.10	-12.77

资料来源：《云南统计年鉴（2016）》，经过整理。

表4-3　　云南省历次人口普查（或抽样调查）城镇化水平　　单位：%

年份	人口城镇化率
1953	9.06
1964	14.50
1982	12.86
1990	14.72
2000	23.36
2005	29.50
2010	35.20
2015	43.06

资料来源：云南省历次人口普查（或抽样调查）资料，经过整理。

表4-4 云南省设市城市及其建制镇的地区分布（截至2015年年底）

单位：个

地区	地级市	县级市	建制镇
全省	8	14	668
昆明	1	1	43
曲靖	1	1	50
玉溪	1		25
保山	1	1	34
昭通	1	0	100
丽江	1	0	23
普洱	1	0	66
临沧	1	0	32
楚雄	0	1	64
红河	0	4	55
文山	0	1	42
西双版纳	0	1	19
大理	0	1	70
德宏	0	2	23
怒江	0	0	13
迪庆	0	1	9

资料来源：《云南统计年鉴（2016）》，经过整理。

二 建设用地集约利用程度有待于提高

云南是一个以山地和高原为主要地貌的省份，在全省39.41万平方千米国土中，山地、高原、丘陵占全省总面积的94%，仅有6%的面积是坝区。因此，城镇建设用地紧张。近年来，云南提出的"城镇上山"的做法受到李克强总理的肯定，但城市建设至多也只能在低丘缓坡地带进行，不能在大坡度地带开展。因而云南城镇建设不可避免地需要占用一定的耕地，同时，云南城市建成区人口密度偏低（见表4-5），建成区的集约利用程度需要进一步提高。

表 4-5　　　　　云南城市建成区人口密度（2015 年）

区域	城区人口（万）	城区面积（平方千米）	城区人口密度（人/平方千米）	建成区面积（平方千米）	建成区人口密度（人/平方千米）
全省	1345.11	4630.88	2904.65	1772.03	7590.79
昆明	459.07	2295.43	1999.93	530.92	8646.69
曲靖	157.46	238.05	6614.58	196.71	8004.68
玉溪	56.92	224.68	2533.38	71.97	7908.85
保山	61.84	161.23	3835.51	80.20	7710.72
昭通	93.04	183.13	5080.54	113.00	8233.63
丽江	22.37	54.60	4097.07	45.32	4936.01
普洱	52.90	141.26	3744.87	74.73	7078.82
临沧	62.03	107.71	5758.98	65.57	9460.12
楚雄	62.21	201.00	3095.02	95.00	6548.42
红河	119.56	226.29	5283.49	145.57	8213.23
文山	56.40	164.06	3437.77	91.36	6173.38
西双版纳	20.04	197.93	1012.48	40.51	4946.93
大理	70.95	210.00	3378.57	103.35	6865.02
德宏	31.32	135.50	2311.44	63.68	4918.34
怒江	9.15	26.54	3447.63	16.31	5610.06
迪庆	9.85	63.47	1551.91	37.83	2603.75

资料来源：《云南统计年鉴（2016）》，经过整理。

三　城镇化建设中的基础设施不完善

基础设施既是支撑城镇发展的重要物质基础之一，也是城镇开展生产生活和社会活动的前提条件。城镇基础设施主要包括道路、交通、供排水、能源、邮电、通信、环境和防灾等系统。从道路交通条件来看，铁路是现代交通运输中最为重要的交通运输方式之一，但是，在云南的 16 个市州中，仍有普洱、西双版纳、临沧、德宏、怒江、保山、迪庆 7 个市州未通铁路；从高速公路来看，在东中部地区已实现县县通高速的情况下，云南的 16 个市州中，仍有迪庆州、怒江州、临沧市整个区域未通高速公路。除此之外，云南省交通运输网络密度也相对较低（见表4-6）。

表4-6　　　　　云南省交通运输网络密度情况　　　　单位：万千米

年份	铁路营业里程	公路通车里程	内河航道里程	民用航空航线里程	国际航线
1980	0.17	4.41	0.10	0.10	—
1985	0.17	4.95	0.10	2.27	0.13
1988	0.16	5.25	0.11	2.37	0.31
1989	0.17	5.47	0.11	2.27	0.31
1990	0.17	5.65	0.11	2.66	0.31
1991	0.17	5.81	0.11	3.08	0.31
1992	0.17	6.00	0.11	4.73	0.41
1993	0.16	6.31	0.11	4.51	0.70
1994	0.16	6.56	0.13	6.42	0.95
1995	0.16	6.82	0.13	5.16	0.95
1996	0.16	7.03	0.13	7.06	0.67
1997	0.20	7.38	0.13	8.98	0.67
1998	0.20	7.70	0.13	12.87	1.63
1999	0.20	10.24	0.15	13.31	3.37
2000	0.20	16.36	0.16	11.97	2.04
2001	0.20	16.40	0.18	13.51	2.07
2002	0.20	16.49	0.18	14.81	2.91
2003	0.20	16.61	0.18	14.55	2.09
2004	0.19	16.71	0.25	13.78	2.43
2005	0.19	19.45	0.28	13.54	2.44
2006	0.19	19.85	0.28	13.68	2.24
2007	0.19	20.03	0.28	12.99	2.63
2008	0.19	20.38	0.28	11.21	1.47
2009	0.19	20.60	0.28	15.20	2.39
2010	0.19	20.92	0.29	18.28	4.96
2011	0.21	21.45	0.32	18.56	5.39

续表

年份	铁路营业里程	公路通车里程	内河航道里程	民用航空航线里程	国际航线
2012	0.24	21.91	0.34	22.85	4.84
2013	0.24	22.29	0.36	29.44	7.06
2014	0.26	23.04	0.36	33.15	10.65
2015	0.27	23.60	0.41	31.69	9.99

资料来源：《云南统计年鉴（2016）》，经过整理。

四 生态破坏与环境污染治理的任务依然艰巨

云南省山川秀丽、气候适宜，但近年来生态环境问题也逐渐突出。"三废"的排放量逐年增加，具体情况如表4-7所示。

表4-7　　　　云南省废水、废气、固体废弃物排放　　单位：万吨、%

年份和地区	废水排放总量	生活污水排放量	化学需氧量排放量	生活污水中化学需氧量排放量	二氧化硫排放量	工业二氧化硫排放量	工业固体废弃物排放量	工业固体废弃物处置率
2001	64152.34	31439.00	30.89	16.64	35.75	29.44	295.80	15.87
2002	66271.02	32575.00	30.10	18.07	36.41	29.31	231.81	10.50
2003	68180.80	33526.00	28.52	19.24	45.26	38.07	121.67	21.41
2004	78302.56	39901.00	29.02	19.26	47.75	39.99	55.10	22.27
2005	75202.45	42274.00	28.47	17.78	52.19	42.89	70.66	35.14
2006	80478.36	46192.41	29.37	18.80	55.10	45.62	99.56	33.72
2007	83758.94	48406.66	29.00	19.21	53.37	44.54	82.66	33.03
2008	83864.57	50869.04	28.05	18.86	50.17	41.99	39.42	30.84
2009	87590.64	55215.43	27.31	18.78	49.93	41.78	60.65	29.69
2010	91992.68	61066.20	26.83	17.90	50.07	43.96	36.31	30.99
2011	147523.10	100208.27	55.47	29.35	69.12	64.25	168.70	28.60
2012	154008.29	111088.18	54.86	29.17	67.22	62.26	43.14	381.74
2013	156583.28	114635.37	54.72	29.44	66.31	61.30	48.86	29.90
2014	157544.15	116905.20	53.38	28.69	63.67	58.26	6.73	31.91

续表

年份和地区		废水排放总量	生活污水排放量	化学需氧量排放量	生活污水中化学需氧量排放量	二氧化硫排放量	工业二氧化硫排放量	工业固体废弃物排放量	工业固体废弃物处置率
	2015	173333.44	127082.04	51.03	28.15	58.37	52.38	6.86	29.51
2015年	昆明	57522.25	52089.26	3.75	1.26	10.06	9.46	0.01	51.47
	曲靖	14614.00	12767.02	6.66	4.63	14.58	13.79	0.00	3.50
	玉溪	11100.23	5533.36	3.02	1.24	3.25	3.24	0.51	41.61
	保山	11477.41	4738.85	3.30	1.51	1.65	1.41	0.00	10.67
	昭通	6898.91	5356.10	2.77	2.30	4.94	2.53	0.00	27.47
	丽江	3053.97	2743.66	0.66	0.42	0.79	0.67	0.00	1.50
	普洱	9073.85	5466.82	3.72	2.04	0.88	0.77	0.00	42.03
	临沧	11012.74	4557.04	5.02	1.82	2.70	2.67	0.00	19.33
	楚雄	8977.00	5004.38	2.60	1.82	2.42	2.02	0.00	19.11
	红河	12130.69	8751.24	5.67	3.55	12.65	12.14	0.00	5.46
	文山	8825.70	6558.83	3.22	2.45	1.07	0.80	4.05	16.68
	西双版纳	4440.36	2764.88	3.01	0.95	0.37	0.36	0.25	42.93
	大理	7532.80	6497.88	3.98	2.75	1.44	1.13	0.00	16.27
	德宏	4672.58	2723.63	2.65	0.94	0.77	0.69	0.00	10.66
	怒江	1044.07	787.41	0.42	0.30	0.68	0.64	0.99	2.11
	迪庆	956.88	741.68	0.56	0.16	0.12	0.04	1.05	89.40

资料来源：《云南统计年鉴（2016）》，经过整理。

第二节　人口城镇化进程中的主要问题

国家新型城镇化特别强调走一条注重以人为本的中国特色城镇化道路。因此，本节主要从人口城镇化视角分析云南城镇化过程中面临的主要问题。

一 人户分离或户籍人口城镇化问题较为突出

人户分离是指人口在流动过程中户籍没有随人一起流动的现象。人户分离人口是指在本县、市、区范围内,现有人口中,目前居住地与户籍登记的所在地不相一致的人口。常见的表现形式是甲地有户口而无人,乙地有人而无户口。人户分离问题的大量存在,不仅直接影响到公安基层基础工作,还涉及经济、社会发展等多方面的综合性问题。[1] 从2010年全国第六次人口普查数据来看,云南省内存在大规模的人户分离人口(见表4-8)。大量人户分离人员的存在,一方面表明大量外流人口难以在流入地享受到相关的福利待遇,另一方面也预示着户籍人口城镇化率会明显低于常住人口的城镇化率(见表4-9和图4-1)。

表4-8　　云南省各地区人户分离人口(2010年)

地区	总人口(人)	人户一致人口(居住在本乡镇街道,同时户口在本乡镇街道)(人)	人户分离人口(人)	人户分离人口占总人口比重(%)
云南省	45966766	39295800	6670966	14.51
昆明	6432209	4319667	2112542	32.84
曲靖	5855055	5208392	646663	11.04
玉溪	2303518	1917370	386148	16.76
保山	2506491	2312686	193805	7.73
昭通	5213521	4777392	436129	8.37
丽江	1244769	1074861	169908	13.65
普洱	2542898	2171217	371681	14.62
临沧	2429497	2208737	220760	9.09
楚雄	2684169	2388517	295652	11.01
红河	4500896	3968859	532037	11.82

---

[1] 张爱华:《人户分离人口的成因及对策》,《云南公安高等专科学校学报》2002年第2期。

续表

地区	总人口（人）	人户一致人口（居住在本乡镇街道，同时户口在本乡镇街道）（人）	人户分离人口（人）	人户分离人口占总人口比重（%）
文山	3517946	3208792	309154	8.79
西双版纳	1133515	810823	322692	28.47
大理	3456323	3179149	277174	8.02
德宏	1211441	958968	252473	20.84
怒江	534337	459150	75187	14.07
迪庆	400182	331220	68962	17.23

注：本书用非农业户口人口占总人口的比重来衡量（替代）户籍人口城镇化率。

资料来演：《云南省2010年人口普查数据》（上册），经过整理。

表4-9　　云南省各地区常住人口城镇化率与户籍人口城镇化率的比较（2010年）

地区	常住人口城镇化率（%）	非农业户口人口占总人口比重（%）	常住人口城镇化率-非农业户口人口占总人口比重（个百分点）
云南省	34.72	16.45	18.27
昆明	67.44	38.09	29.35
曲靖	39.25	11.75	27.50
玉溪	42.06	17.19	24.87
昭通	18.71	8.48	10.23
楚雄	31.95	14.74	17.21
红河	30.67	16.40	14.27
文山	22.98	9.59	13.39
普洱	26.32	13.12	13.20
西双版纳	33.97	23.90	10.07
大理	32.44	12.72	19.72
保山	22.82	10.98	11.84
德宏	34.12	18.33	15.79
丽江	28.58	13.85	14.73
怒江	23.39	14.44	8.95
迪庆	24.89	12.36	12.53
临沧	24.33	10.94	13.39

注：本书用非农业户口人口占总人口的比重来衡量（替代）户籍人口城镇化率。

资料来源：《云南省2010年人口普查数据》（上册），经过整理。

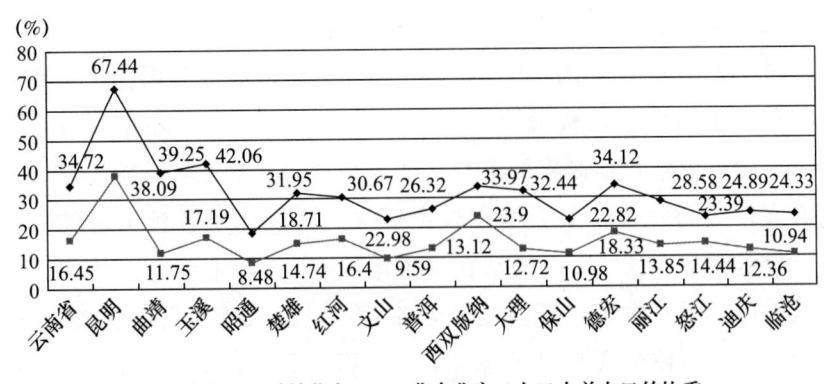

第四章 云南城镇化进程中存在的主要问题

图 4－1 云南省各市州常住人口城镇化率与户籍人口城镇化率差异（2010 年）

从表 4－8 可以看出，2010 年，在云南全省常住人口 45966766 人中，人户分离人口达到 6670966 人，人户分离人口占常住人口的 14.51%。从全省 16 个市州来看，省会昆明市的人户分离人口比重最高，常住人口中的 32.84% 的人口为人户分离人口，差不多是 1/3；其次是西双版纳州，2010 年西双版纳州常住人口中有 28.47% 的人口处于人户分离状态；排在第三位的是德宏州，2010 年，德宏州常住人口中 20.84% 的人口属于人户分离人口。从云南省 16 个市州人户分离人口所占比重来看，昆明市是全省的政治、经济、文化、交通中心，因此，集聚了大量外来人口，西双版纳州和德宏州则地处沿边开放的前沿，是云南省重要的对外开放口岸，因此，集聚了大量的外来人口经商和就业，因此，人户分离人口所占的比重较高。

从表 4－9 和图 4－1 可以看出，2010 年，云南省户籍人口城镇化率明显低于常住人口城镇化率，从全省来看，户籍人口城镇化率低于常住人口城镇化率 18.27 个百分点。在云南省 16 个市州中，户籍人口城镇化率与常住人口城镇化率差值最大的是昆明市，2010 年，昆明市户籍人口城镇化率低于常住人口城镇化率 29.35 个百分点；其次是曲靖市，2010 年，曲靖市户籍人口城镇化率低于常住人口城镇化率 27.50 个百分点；最后是玉溪市，2010 年，玉溪市户籍人口城镇化率低于常住人口城镇化率 24.87 个百分点。

二 农民工子女教育隔离问题依然存在

由于我国人口流动的不彻底性,再加上户籍制度的限制,导致农民工的孩子出现了两极分化,一是留守在老家,二是随家属迁移流动。但是,由于户籍制度的限制,随迁儿童的上学尤其是接受基础教育存在很大的问题。由于城市教育资源尤其是优质教育资源的有限性,导致很多农民工子女无法在城市正规的公立学校上学,大多选择一些农民工子女学校。即便是部分儿童可以进入城市公立学校上学,在学校也或多或少会遭到部分城市儿童及其家长的歧视。比如,城市儿童不愿意和农民工子女同桌,甚至部分老师也将农民工子女标签化,让流动儿童在城市难以享受到公平的基础教育。

三 人口老龄化速度加快

据《2015年云南省1%人口抽样调查主要数据公报》数据,2015年11月1日零时,云南省常住人口中各年龄段人口及其占常住人口的比重如下:0—14岁的人口为842.7万,占17.79%;15—64岁的人口为3479.2万,占73.45%;65岁及以上的人口为414.9万,占8.76%。同2010年第六次全国人口普查相比,0—14岁人口比重下降了2.94个百分点,15—64岁人口比重上升了1.81个百分点,65岁及以上人口的比重上升了1.13个百分点(见表4-10)。

表4-10　　　　2010—2015年云南省年龄结构的变动　　　单位:万、%

年龄段	2010年		2015年		2015年与2010年相比较	
	人口数	占常住人口比重	人口数	占常住人口比重	人口数	占常住人口比重
0—14岁	952.8	20.73	842.7	17.79	-110.1	-2.94
15—64岁	3293.2	71.64	3479.2	73.45	186	1.81
65岁及以上	350.6	7.63	414.9	8.76	64.3	1.13

资料来源:《云南省2010年第六次全国人口普查主要数据公报》和《2015年云南省1%人口抽样调查主要数据公报》,经过整理。

参照联合国的传统衡量标准,当一个地区60岁以上人口达到总人口的10%，或者是65岁及以上年龄人口占总人口的比重达到7%，该地区即被视为进入老龄化社会。比照联合国对人口老龄化的衡量标准，2010年，云南省65岁及以上人口占总人口的比重即达到了7.63%，这预示着2010年云南省已进入人口老龄化阶段。2015年，云南省0—14岁年龄段人口占总人口的比重比2010年下降2.94个百分点，而与此同时，云南省65岁及以上人口占总人口的比重即达到了8.76%，比2010年提高了1.13个百分点。这表明云南省人口老龄化速度进一步加快了。

人口老龄化对城镇化发展的影响具体体现在以下两个方面：

首先，从农村的视角来看，农村人口的老龄化发展，必然不利于家庭劳动人口的外出，因为农村的社会养老体系还不完善，以及农村的思想观念保守，最有效、最可靠的养老方式仍然是家庭养老，社会养老在偏僻的农村地区并不现实。

其次，从城市的角度来看，即便城市的养老制度比较完善，但是，如果人口老龄化的增长速度过快，导致城市劳动力资源总量供给不足，进而影响社会的生产效率。此外，大规模的老年人必然导致社会抚养负担加重，财政支出较大，不利于国家在经济生产方面的投资。

四 人口城镇化与土地城镇化速度不匹配

从地理学的学科视角来看，城镇化主要表现为城镇地域的扩大及乡村地域的减少，最主要的表征即是城市建成区的扩展，因此也称为土地城镇化；从人口学的学科视角来看，城镇化主要表现为城镇人口的增加，最主要的指标是城镇人口占总人口比重的上升，因此也称之为人口城镇化。从云南省近年来的情况来看，2004—2015年，云南省城市建成区面积的年增长率明显高于人口城镇化水平的年增长率（见表4-11）。

根据云南的城镇化发展来看，人口城镇化与土地城镇化的协调度有待于进一步加强，人口城镇化滞后于土地城镇化。在推进城镇化的发展过程中，许多地方都出现了轰轰烈烈的"造城运动"，一座座楼房拔地而起，可是，由于房价的高涨，导致大量农民工买不起住房，甚至连租房都是问题,有些城市建造以后呈现出一片萧条的景象,有学者将其称为"鬼城"。城镇化所蔓延的地理空间远远大于人口城镇化进程。

表4-11　2004—2015年云南省城镇建成区面积年增长率与
人口城镇化率的年增长率

年份	建成区面积 (平方千米)	建成区面积增长率 (%)	人口城镇化率 (%)	人口城镇化增长率 (%)
2004	428.4	—	28.10	—
2005	472.4	10.27	29.50	1.40
2006	542.3	14.80	30.50	1.00
2007	578.4	6.66	31.60	1.10
2008	623.8	7.85	33.00	1.40
2009	666.6	6.86	34.00	1.00
2010	751.3	12.71	34.81	0.81
2011	804.1	7.03	36.80	1.99
2012	859.9	6.94	39.31	2.51
2013	935.8	8.83	40.48	1.17
2014	977.0	4.40	41.73	1.25
2015	1060.1	8.51	43.33	1.60

资料来源:相关年份《中国统计年鉴》和相关年份《云南统计年鉴》,经过整理。

第三篇　形势与战略

第五章　开放经济背景下云南城镇化发展的新形势

如本书第二章、第三章和第四章所述，云南城镇化水平与全国相比还存在较大差距，2015年云南的城镇化水平为43.33%，只相当于2005年全国城镇化平均水平的42.90%，也就是说，云南的城镇化水平大致落后于全国平均水平10年。除此之外，云南设市城市数量偏少、城镇化质量偏低、城市等级规模结构不合理、空间分布不均衡、人的城镇化问题凸显。云南城镇化需要在新的历史时期，抓住机遇，才能赶上全国城镇化的发展步伐。

2009年，云南被定位为中国面向西南开放的重要"桥头堡"；2013年，习近平总书记相继提出了与周边国家共建"丝绸之路经济带"和"21世纪海上丝绸之路"的"一带一路"倡议的伟大构想，在"一带一路"倡议下，云南成为孟中印缅经济走廊和中国—中南半岛经济走廊的交会之地；2015年，习近平总书记考察云南时指出，希望云南主动服务和融入国家发展战略，闯出一条跨越式发展的路子来，努力成为民族团结进步示范区、生态文明建设"排头兵"、面向南亚东南亚辐射中心，谱写好中国梦的云南篇章。"一带一路"倡议的推进，孟中印缅经济走廊、中国—中南半岛经济走廊、面向南亚东南亚辐射中心建设成为新时期云南开放发展的重大历史机遇。在这重大机遇面前，云南的城镇化面临着哪些新的机遇与挑战呢？

第一节 云南新型城镇化外向型
发展面临的机遇

随着国家战略的转换，在新的历史时期，云南省正处于"一带一路"建设、全面建成小康社会、新一轮西部大开发、"辐射中心"建设发展机遇之中，在党的十八大指引下，云南省的城镇化将会取得实质性的进步。一是根据世界范围内城镇化发展规律，当一个区域的城市化水平达到30%后，城镇化进程将开始加速。2015年，云南的城镇化水平达到了43.33%，正处于城镇化加速发展的前半期，云南的城镇化发展应该顺势而为。二是云南省经济发展已进入新的历史时期，人均GDP已经突破2000美元，是城乡关系快速变化的时期，如果政策导引到位，城乡一体化快速融合的目标将加速实现。三是随着"一带一路"倡议、孟中印缅经济走廊、中国—中南半岛经济走廊、面向南亚东南亚辐射中心建设的推进，云南省的区位优势将快速形成，在国家战略的推动下，云南也将从对外开放的末梢变为开放发展的前沿，国内国外两个市场、两种资源将为云南经济发展提供强大动力，同时，也为云南省的新型城镇化建设提供强大的经济基础支撑。

一 国际经济转型

自2008年以来，国际经济形势发生了显著变化，发源于美国的国际金融危机蔓延影响到世界大多数国家，发达经济体及经济集团的经济增长率持续下滑（见表5–1），世界经济进入新一轮的调整期。

从表5–1可以看出，2008年以来，世界经济增长率由2010年的4.3%下降到2014年的2.6%，2015年又进一步下降到2.5%；高收入国家的经济增长率由2010年的3.0%下降到2014年的2.0%以下；中等收入国家的经济增长率由2010年的7.5%下降到2014年的4.3%，2015年又降到3.6%；中低收入国家、低收入国家、最不发达地区、重债穷国的经济增长率也遭遇持续下滑。世界主要经济体，如中国、巴西、法国、德国、日本、韩国、俄罗斯、美国等，其经济

第五章 开放经济背景下云南城镇化发展的新形势 97

增长率也不同程度地出现了持续下滑。

表 5-1　　世界主要经济体国内生产总值增长率　　单位:%

国家或地区	1990年	2000年	2005年	2010年	2014年	2015年
世界	2.9	4.3	3.8	4.3	2.6	2.5
高收入国家	3.2	4.0	2.7	3.0	1.8	1.9
经合组织高收入国家	3.0	3.9	2.6	2.8	1.7	—
非经合组织高收入国家	1.4	6.3	6.6	5.7	1.9	—
中等收入国家	2.3	5.8	7.1	7.5	4.3	3.6
中等偏下收入国家	4.2	4.4	6.6	7.4	5.6	5.5
中等偏上收入国家	1.7	6.2	7.2	7.5	4.0	3.0
中低收入国家	2.3	5.8	7.0	7.5	4.3	3.6
东亚和太平洋	5.8	7.4	9.6	9.8	6.7	6.5
欧洲和中亚	-1.5	8.1	7.0	5.4	1.6	-0.7
拉丁美洲和加勒比	0.6	4.3	4.2	5.6	1.0	-1.1
中东和北非国家	12.9	4.2	5.0	5.4	1.6	—
南亚	5.4	4.1	8.8	9.1	6.9	7.2
撒哈拉以南非洲	2.4	3.6	5.5	5.5	4.6	3.0
低收入国家	0.4	1.8	6.2	6.7	6.0	4.7
最不发达地区	0.4	4.0	8.3	5.4	5.5	4.4
重债穷国	-1.1	2.9	6.2	5.8	5.6	4.8
中国	3.9	8.4	11.4	10.6	7.3	6.9
阿根廷	-2.4	-0.8	9.2	9.5	0.5	—
澳大利亚	3.5	3.9	3.2	2.0	2.5	2.3
巴西	-3.1	4.1	3.2	7.5	0.1	-3.8
加拿大	0.2	5.2	3.2	3.1	2.5	1.1
法国	2.9	3.9	1.6	2.0	0.3	1.2
德国	5.3	3.0	0.7	4.1	1.6	1.7
印度	5.5	3.8	9.3	10.3	7.2	7.6
印度尼西亚	9.0	4.9	5.7	6.2	5.0	4.8
意大利	2.0	3.7	1.0	1.7	-0.3	0.8
日本	5.6	2.3	1.3	4.7	—	0.5

续表

国家或地区	1990年	2000年	2005年	2010年	2014年	2015年
韩国	9.3	8.8	3.9	6.5	3.3	2.6
俄罗斯	-3.0	10.0	6.4	4.5	0.7	-3.7
南非	-0.3	4.2	5.3	3.0	1.5	1.3
英国	0.6	3.8	3.0	1.5	2.9	2.3
美国	1.9	4.1	3.3	2.5	2.4	2.4

注：表中"—"表示该年份缺相关数据。

资料来源：《国际统计年鉴》(2016)，经过整理。

二 "一带一路"倡议的实施

2013年9月和10月，中国国家主席习近平在出访哈萨克斯坦和印度尼西亚期间，先后提出与周边国家共建"丝绸之路经济带"和"21世纪海上丝绸之路"的"一带一路"倡议的伟大构想，并得到国际社会高度关注。"一带一路"即是两条经济发展带，同时也会推进"一带一路"沿线城市群、城市带的产生与发展。通过"丝绸之路经济带"和"21世纪海上丝绸之路"，把"一带一路"沿线国家纳入整体联动发展的"命运共同体"，进而影响整个世界政治经济格局的发展。

2015年4月，为夯实"一带一路"建设，中国与沿线国家和地区一道积极规划了"六大经济走廊"，即中蒙俄经济走廊、新亚欧大陆桥经济走廊、中国—中亚—西亚经济走廊、中国—中南半岛经济走廊、中巴经济走廊及孟中印缅经济走廊。在"一带一路"倡议中规划的六大经济走廊中，孟中印缅经济走廊与中国—中南半岛经济走廊两大经济走廊在云南交会，这为云南新型城镇化的外向型发展提供了难得的历史机遇。

三 云南省的"三大定位"

2015年1月19—21日，新年伊始，习近平总书记便深入到云南省昭通鲁甸地震灾区、大理洱海、昆明等地视察和调研。在云南期间，习近平总书记看望了鲁甸地震灾区干部群众，考察调研了企业、工地、乡村。习近平总书记从国家战略的高度指出，希望云南主动服务和融入国家发展战略，闯出一条跨越式发展的路子来，努力成为民族团结进步示范区、生态文明建设"排头兵"、面向南亚东南亚辐射中心，谱写出中国梦的云南篇章。中共中央、国务院于2014年3月印发的《国家新型城镇化规划（2014—2020年）》要求，努力走出一条"以人为本、'四化'同步、优化布局、生态文明、文化传承"中国特色新型城镇化道路。因此，云南省的"三大定位"与新型城镇化道路的内涵有着高度的一致性，习近平总书记给予云南省的"三大定位"为云南社会经济与文化发展指明了方向，也赋予了云南新型城镇化发展的新内涵。

第二节　云南新型城镇化发展面临的挑战

世界经济转型发展、国家"一带一路"倡议、云南省的"三大定位"为云南新型城镇化发展提供了难得的历史机遇，但同时也面临着一系列政治经济挑战。

一　周边国家的局势

云南位于中国西南边陲，地处东亚、东南亚、南亚三大地理区块的结合部，与越南、缅甸和老挝三国交界，与印度、孟加拉国、泰国和柬埔寨邻近。因此，周边国家的局势在一定程度上会影响云南的稳定与发展。

（一）缅甸与中国的政治关系

缅甸是云南的重要邻国之一，对于中国实施"一带一路"倡议、孟中印缅经济走廊建设、"两洋战略"具有较为重要的地缘战略意义，但是，由于缅甸的特殊国情，也面临着诸多的地缘安全风险。2010年11月7日，缅甸大选完成了从军政府到民选政府的转变；2016年3月，在2015年全国大选中获得压倒性胜利的缅甸全国民主联盟（民盟）组建的新一届政府正式上台执政，虽然缅甸新一届政府继续与中国保持着良好关系，但是，由于民盟并不掌握军权，尤其是军方在缅甸依然具有强大影响力的前提下，军方与少数民族地方武装的军事冲突成为孟中印缅经济走廊建设的最现实威胁。另外，近年来，缅甸加强了与美国、日本、欧盟、印度等国家或国际组织的合作与交流，以此来与中国保持一定距离。缅甸新的外交政策从对中国"一边倒"转向继续与中国维持良好关系的同时，还努力发展与美国、日本、欧盟、印度、东盟的关系，并寻求改善与欧美各大国的关系。他们的目的是欲通过国际社会的多边力量来减少对中国的依赖[1]，进而平衡中国对缅甸的影响。

（二）越南与中国的政治关系

越南也是云南的重要邻国之一，是中国实施"一带一路"倡议、中国—中南半岛经济走廊建设的另外一个重要的延伸点。"冷战"结束以后，虽然中越两国通过谈判解决了陆上边界的划定，但是，客观上讲，中越陆地边界的解决并没有真正消除中越之间的矛盾，越南向南中国海的发展战略以及对中国南海岛礁的侵占显著影响到了中越友好关系。越南对中国南沙部分岛礁的非法侵占、美越关系的走近、越南国内民族主义势力的抬头都将成为21世纪"海上丝绸之路"、中国—中南半岛经济走廊建设中的明显障碍。另外，越南的民族主义和反华势力近年来逐渐做大，虽然中越陆地边界和北部湾划界得到了妥善解决，为中越两国关系进一步发展奠定了基础。但是，越南政府长期实施向中越边境移民，企图以边民作为国家安全的盾牌，特别是越南政府利用跨界民族的特殊性来与我国争夺边民的国家认同[2]，这对云南"辐射中心"建设，对于推进中国—中南半岛经济走廊建设都会产生了难以预测的影响。

（三）印度与中国的政治关系

中印两国不仅是世界第一和第二人口大国，在地理上也是邻国。近年来，中印关系虽然有所改善，但一则由于中印存在领土争端，二则由于印度在1962年中国对印自卫反击中的惨败，一直把中国当作

---

[1] 刘务：《缅甸外交政策的新调整：从对华友好到大国平衡外交》，《东南亚研究》2007年第2期。

[2] 何跃：《桥头堡建设中的云南周边国家安全环境》，《云南师范大学学报》（哲学社会科学版）2011年第6期。

印度的假想敌，在诸多领域意欲与中国一争高下。因此，印度对孟中印缅经济走廊建设一直持很强的警惕和疑虑。

"一带一路"建设、孟中印缅经济走廊、中国—中南半岛经济走廊建设中的云南周边安全环境还存在诸多不确定因素。这些都会对中国云南"走出去"及新型城镇化的外向型发展产生深远影响。

二 周边省区的竞争

云南与周边的广西、贵州、四川、西藏四省区相比较，云南人口城镇化处于中等水平（见表5-2和图5-1）。从1982年开始，云南省人口城镇化水平一直低于广西和四川；与贵州城镇化水平相比较，从2008年开始，贵州的城镇化率增幅较大，两省的城镇化水平差距进一步缩小，云南的优势已十分微弱，2015年仅比贵州高出1.32个百分点。

表5-2　　　　云南与周边省区人口城镇化的比较　　　　单位:%

年份	云南	贵州	广西	四川	西藏
2000	23.36	23.86	28.15	26.69	18.93
2005	29.50	26.87	33.62	33.00	26.65
2006	30.50	27.46	34.64	34.30	21.13
2007	31.60	28.24	36.24	35.60	21.50
2008	33.00	29.11	38.16	37.40	21.90
2009	34.00	29.89	39.20	38.70	22.30
2010	34.70	33.81	40.11	40.18	22.67
2011	36.80	34.96	41.80	41.83	22.71
2012	39.31	36.41	43.53	43.53	22.75
2013	40.48	37.83	44.81	44.90	23.71
2014	41.73	40.01	46.01	46.30	25.75
2015	43.33	42.01	47.06	47.69	27.74

资料来源：相关年份各省区统计年鉴或人口普查/抽样调查数据，经过整理。

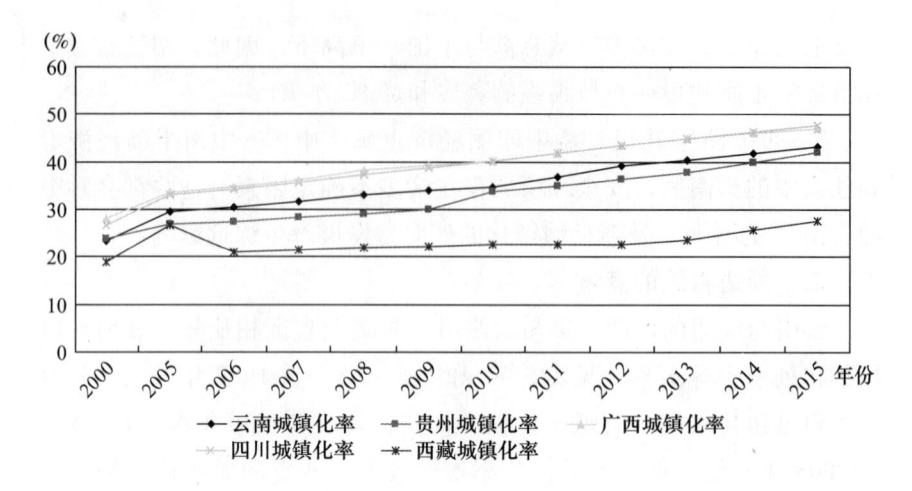

图 5-1 云南与相邻省区人口城镇化率对比

从整体上看,西南地区五省区的人口城镇化水平都相对滞后,五个省区的城镇化率均低于国家平均水平,2015年,城镇化率最高的四川省为47.69%,仍低于全国平均水平8.41个百分点。

基于2015年年末数据,2015年,云南与周边相邻省区相比较,云南省的人口城镇化水平低于四川省(低4.36个百分点)和广西壮族自治区(低3.73个百分点),高于贵州省(高1.32个百分点)和西藏自治区(15.59个百分点),但与贵州省的差距越来越小。

近年来,西南各省区市都加大了开放经济的发展力度,虽然云南省与东南亚的缅甸、老挝和越南三国相邻,但也面临着周边省区的竞争。近年来,西藏充分利用与南亚国家印度、尼泊尔相邻的区位优势,积极开展了与印度、尼泊尔等国的经济合作与交流;广西则紧紧抓住了中国—东盟自由贸易区建设的机遇,积极开展了与东盟国家的经济合作与交流;而贵州、四川及重庆虽然不具备沿边区位条件,但却具备充分融入长江经济带发展的区位条件优势,同时也积极创造条件,主动融入"一带一路"倡议中。在面向南亚东南亚开放发展的过程中,云南尤其面临着广西的强大竞争压力。

三 国内经济发展进入"新常态"

2010年以来,由于国际经济形势的变换和国内经济发展的转型,中国经济进入"新常态"发展阶段。国家经济发展进入"新常态"以后对云南省城镇化发展提出了更高的要求。不仅要注意城市的合理规划与建设，更要注重人口在城镇化过程中的实际需求，既要关注地域城镇化，又要关注人的城镇化、人类需求与服务的城市化；不能以牺牲环境成本来换取经济高速增长；在城镇化过程中，要实现产业结构的升级转换，不能依靠大量低端产业来吸纳人口进城来达到城镇化的目的；要结合云南自身的省情，比如，地缘政治优势、民族文化特色、地形特征来探索城镇化的发展道路。上述城镇化的发展理念的转变，对于一个经济处于全国下游水平的边疆省份来说，无疑面临着很大的挑战。

我国城镇化进程非常迅猛，进入了城市发展的加速时期，2010年城镇化水平超过35%。2014年3月16日，国家发布了《国家新型城镇化规划（2014—2020年）》，在《国家新型城镇化规划（2014—2020年）》中提出了全国城市化水平发展目标，到2020年，户籍人口城镇化率达到45%左右，常住人口城镇化率达到60%左右，此后不久（2014年4月），云南省也根据国家新型城镇化发展要求与目标，制定了符合云南省情的《云南省新型城镇化规划（2014—2020年）》，在云南的新型城镇化规划中明确指出，到2020年，全省常住人口城镇化率达到50%，户籍人口城镇化率达到40%，按照云南省过去十年的发展速度，要达到这一目标，还需要付出很大的努力。快速的城镇化进程，对于促进经济的快速协调发展、社会的文明进步、人民生活质量和基本素质的提高、城乡一体化建设等均起到了重要影响，但是，在云南快速城镇化的过程中，也带来了一些负面作用和影响，如城镇体系的不够合理、盲目的城镇化运动、土地资源的浪费、城乡差距的扩大等。

当前，云南正处于城镇化快速发展的关键时期，各级相关政府部门都要把新型城镇化建设和城市发展工作摆在"四个全面"战略布局的突出位置，认真贯彻落实好习近平总书记、李克强总理在中央城市工作会议上的重要讲话精神和《中共中央关于进一步加强城市规划建设管理工作的若干意见》，认真贯彻"创新、协调、绿色、开放、共享"的"五大发展理念"，尊重城市发展的自然规律和云南新型城镇化的个性特征，适应国际、国内和区域城市发展的新变化，统筹推进新型城镇化各个方面，努力建设和谐宜居、富有活力、各具特色的现代化新型城市，提高新型城镇化水平，走出一条具有中国特色、云南特点的城镇化发展道路。

第六章　云南新型城镇化战略转型

第一节　云南新型城镇化战略转型的内涵

新的历史条件和发展机遇、城镇化新的内涵和要求客观上促使云南城镇化必须转型发展，即在开放经济条件下推进新型城镇化发展。

一　战略与战略转型的含义及其基本特征

"战略"的概念源于军事实践，是指筹划和指导战争全局的方略。① 后来，战略被应用于政治、经济、科技等各个领域，泛指一定时期内为实现一定目标而做出全局性、长期性、纲领性和方向性的重大谋略与决策。一般由战略方针、战略方向、战略任务、战略阶段、战略措施等构成。"战略"一般具有全局性、长期性、稳定性等基本特征。其中，全局性是指从宏观方面着眼全局，统筹兼顾各方面、各阶段之间的关系，研究全局的发展变化规律。长期性是指战略的着眼点不是当前，而是把长远利益放在首位；即以当前为出发点，对未来相当长一个时期发展趋势的把握和为实现长远目标而做出方向性的远见决策。"转型"是指结构、体制等方面的转变、改革。② 综合以上分析，战略转型是指一个较长时期内，为实现特定的长期性目标，对结构、体制、质量、效益等方面的转变而做出的全局性、长远性和方

---

① 马国泉、张品兴、高聚成：《新时期新名词大辞典》，中国广播电视出版社1992年版，第771页。

② 韩明安：《新语词大词典》，黑龙江人民出版社1991年版，第649页。

向性的重大谋略。

二 云南新型城镇化战略转型的内涵

云南省新型城镇化战略转型，是指在开放经济条件下，综合考虑云南基本省情、城镇化基础、资源环境条件与社会经济发展趋势和战略需求，以及新型城镇化的基本目标，将创新、协调、绿色、开放、共享五大发展理念全面融入云南省新型城镇化的全过程，对云南省新型城镇化的速度、规模、结构、效益、目标、动力机制等做出全局性、长期性、纲领性的重大转变和调整。当前，我国已进入城镇化战略转型期，云南必须抓住机遇，克服困难和挑战，推进新型城镇化进程，实现新型城镇化根本目标，以新型城镇化带动云南社会经济全局发展。

第二节 云南新型城镇化战略转型面临的挑战

一 城镇化与资源环境之间的矛盾显现

城镇在特定的地理环境中产生与发展，因此，自然地理环境对于城镇化的发展具有重要的基础性和制约性作用。随着改革开放以来云南省工业化、城镇化的快速推进，尤其是在传统城镇化道路下粗放型的发展模式和城镇用地的蔓延式扩张，导致全省有限的水资源、土地资源被大量消耗和污染，城镇区域的生态环境与水环境退化，资源环境对城镇化的约束进一步凸显。主要表现在以下两个方面。

（一）城镇化发展与土地资源保护矛盾加剧

由于特殊的地形地貌条件，云南省山高谷深，山地、高原占全省总面积的94.0%，盆地（坝区）面积仅占6.0%。另外，据第二次全国土地调查数据，2009年，云南省耕地面积为624.39万公顷，约占全省总面积的15.85%。其中，旱地占耕地总面积的75.90%；坡度为15°—25°度的占30.38%，25°度以上的占14.54%，两者合占44.92%。有相当大的一部分耕地需要逐步实行退耕还林（草）。还有相当数量的耕地位于滇东南的石漠化地区，石漠化地区的耕地，地块破碎、耕作层浅、耕种难度大，生态环境脆弱而又极易破坏。全省人均耕地为 0.137 公顷，明显低于世界人均耕地 0.225 公顷的平均水平。从总体来看，云南省人均耕地少、耕地质量总体不高、耕地后备资源不足。

盆地（坝区）是全省优质耕地集中区、粮食和农产品主产区、城市和大多数城镇分布区。全省大于 1 平方千米盆地（坝区）有耕地 137.40 万公顷，仅占耕地总面积的 22.01%。为了降低基础设施和生产成本，原有城镇发展过程中向坝区蔓延式扩张，导致盆地（坝区）优质耕地资源已被城镇建设占用 30% 以上。随着工业化、城镇化的快速推进，建设用地供需矛盾突出，粮食安全受到严重威胁，耕地尤其是优质耕地的保护形势十分严峻，城镇建设的土地资源约束十分明显。

（二）水资源短缺、环境污染和生态退化加速

近几年来，虽然云南森林覆盖率、主要河流总体水质、九大高原湖泊水质以及城市空气质量等生态环境指数保持稳定并不断得到改善。但是，在云南省工业化和城镇化进程中，水环境污染、固体废弃物等污染问题依然突出。《云南省2015年环境状况公报》的数据显示：①河流水环境。全省99条主要河流（河段）184个监测断面中，25个断面水质轻度污染，5个断面水质中度污染，10个断面水重度污染，分别占 13.6%、2.7% 和 5.4%，合计达到监测断面总数的 21.7%。②城市水域水质。城市水域水质总体为轻度污染，全省19个主要城市68个水域的104个监测面（点位）中，18个断面（点位）水质轻度污染，2个面（点位）水质中度污染，18个断面（点位）水质重度污染，分别占 17.3%、1.9% 和 17.3%，合计达到监测面（点位）总数的 36.5%。③湖泊水质。九大高原湖泊中阳宗海、程海水质轻度污染，滇池草海、滇池外海、异龙湖、星云湖、杞麓湖水质重度污染（劣V类）。④降水和酸雨。20个主要城市中有4个城市监测到酸雨，楚雄、个旧为酸雨区。⑤废水排放。全省废水总排放量为 173333.45 万吨，工业排放量和城镇生活源排放量分别占 73.3% 和 26.5%；化学需氧量排放总量 510264 吨，工业源、城镇生活源排放量分别占 28.7% 和 55.2%。

另外，云南省地质地貌条件复杂，山高坡陡，大部分地区生态环境脆弱。随着工业化、城镇化加快，加上不合理人类活动影响，导致

生态环境退化，城镇生态安全遭到威胁。水资源、土资源约束、环境污染和生态退化将成为制约云南省新型城镇化发展的基本原因，也是未来新型城镇化面临的重要挑战。

二 产业层次不高和结构性问题突出

区域的经济增长、产业发展是支撑和保障城镇化的重要因素。H. 钱纳里曾经指出，由于产业结构、经济结构不合理，造成区域的可利用资源不能充分利用，是造成区域欠发达和落后的本质与根源。云南省能源、矿产和生物资源富集，但是，产业结构层次较低，结构不合理，使产业吸纳非农就业的能力偏低，这是云南人口城镇化水平滞后的重要原因之一。

（一）产业结构不合理，产业发展对非农就业的吸纳能力不高

从云南省地区生产总值构成来看，1990—2015 年，云南省第一产业增加值比重快速持续下降，第二、第三产业增加值比重以较快速度持续上升。第二、第三产业增加值比重超过第一产业，成为经济增长的主要力量。近两年来，第三产业发展增加值比重上升较快，超过第二产业（见图 6-1）；与全国平均水平相比较来看，云南省第一产业比重偏高，第三产业比重则偏低（见图 6-2）。

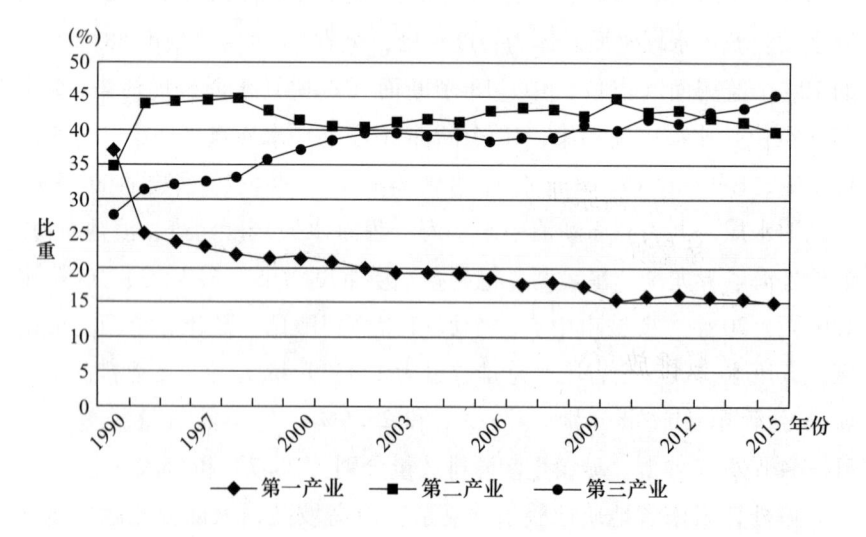

图 6-1 1990—2015 年云南省第一、第二、第三产业增加值构成（当年价）

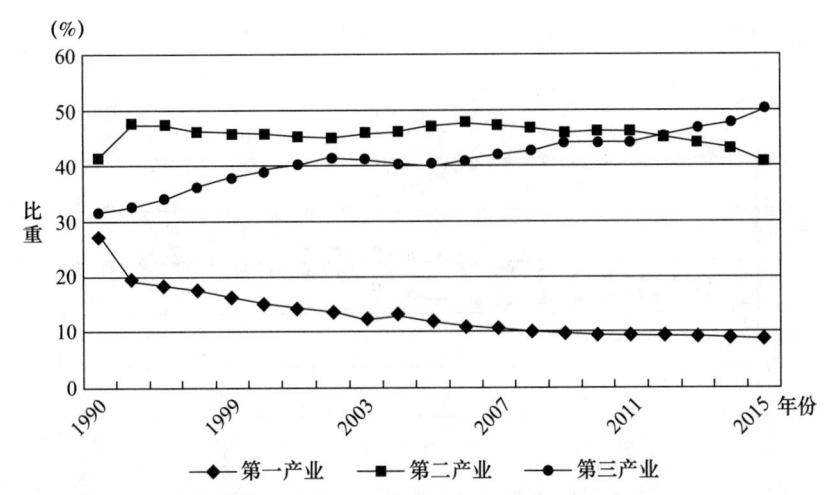

图 6-2　1990—2015 年第一、第二、第三产业增加值构成（当年价）

从云南省的就业构成来看，1990—2015 年，第一产业就业比重缓慢下降，2015 年，第一产业就业比重为 53.58%。第二、第三产业就业比重上升缓慢，第二产业就业比重低，2015 年，第二产业就业比重仅为 12.99%（见图 6-3）；与全国平均水平相比较，云南省第一产业就业比重明显偏高，而第二、第三产业就业比重则明显偏低。2015年，云南省第一产业就业比重比全国高 25.28 个百分点，而第二、第三产业就业比重比全国低 16.31 个和 8.97 个百分点（见图 6-4）。

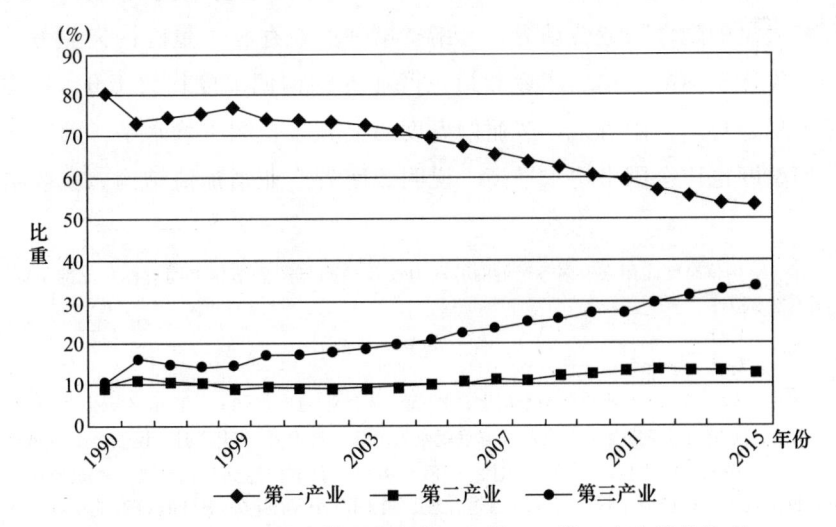

图 6-3　1990—2015 年云南省第一、第二、第三产业就业构成

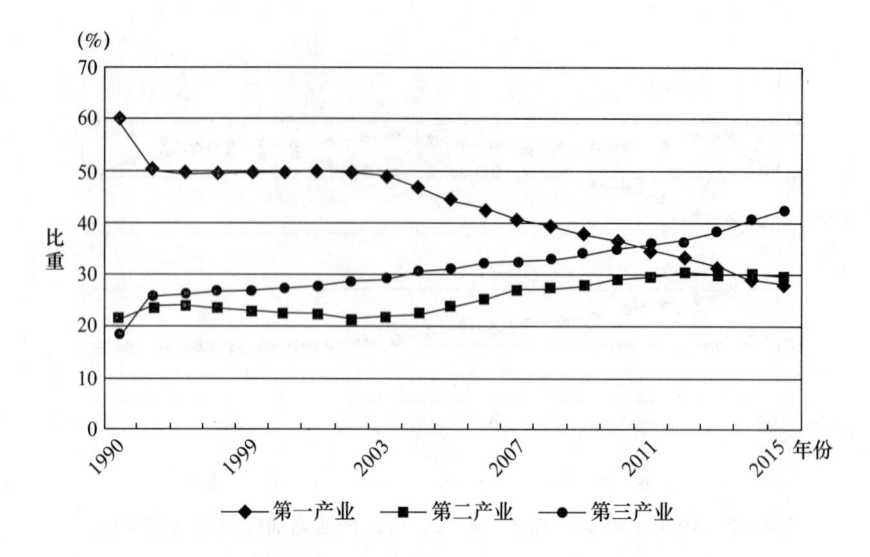

图 6-4 1990—2015 年全国第一、第二、第三产业就业构成

上述分析表明，云南省的第一、第二、第三产业结构低于全国平均水平。另外，第一产业就业比重过高，滞留大量劳动力。非农产业尤其第二产业吸纳劳动力能力弱。

对产业增加值结构、就业结构的结构偏离度[①]（见图 6-5 和图 6-6）分析也表明：全国和云南省第一产业的结构偏离度均小于 0，存在大量的隐性失业劳动力，云南省第一产业存在大量隐性失业劳动力程度比全国高。第二产业和第三产业的结构偏离度均大于 0，且均呈下降趋势。云南省第二产业偏离度明显高于全国平均水平，第三产业偏离度也比全国平均水平高。说明云南省产业增加值结构、就业结

---

① 结构偏离度是用来考察各产业的劳动力就业结构与产值结构之间对称状况的指标。其计算公式为：

$$DRS = \frac{Y_i/Y}{L_i/L} - 1$$

式中，DRS 表示 i 产业的结构偏离度；Y_i 表示 i 产业的增加值；Y 表示区域生产总值；L_i 表示 i 产业的就业人员数；L 表示区域总就业人员数。当 DRS 等于零时，说明产业发展速度与其吸纳劳动力能力保持一致，产业的产值结构与就业结构达到均衡状态。这也意味着 DRS 越接近零，该产业结构与就业结构越合理。当 DRS 小于零时，意味着该产业中存在大量隐性失业。

构的非均衡问题突出。第一产业就业比重过高，第二产业吸纳就业能力低，远低于全国平均水平，增加值结构、就业结构严重失衡。第三产业与吸纳就业能力呈上升趋势，但仍低于全国平均水平。云南省产业增加值结构、就业结构的结构失衡，显著阻碍了农村剩余劳动力向非农产业转移，使大量劳动力滞留在第一产业。

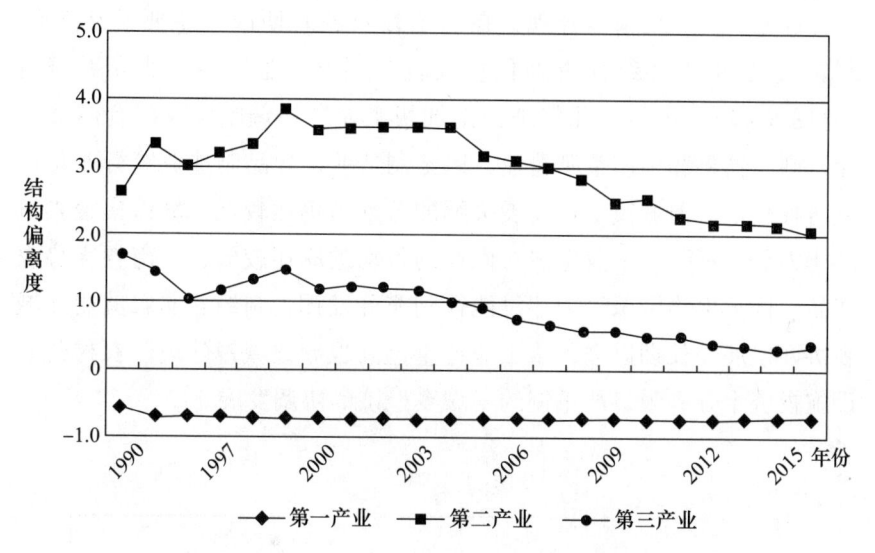

图 6-5　1990—2015 年云南省产业结构和就业结构偏离度

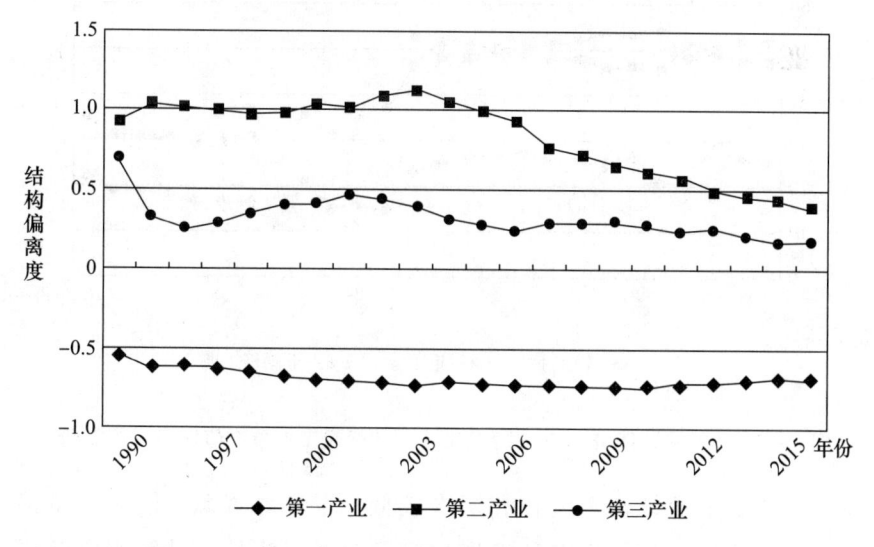

图 6-6　1990—2015 年全国产业结构和就业结构偏离度

总体来看，云南省三次产业结构层次偏低，三次产业增加值的结构和就业结构失衡，第一产业就业比重过高，非农产业尤其是第二产业吸纳劳动力的能力较弱，大量劳动力滞留在第一产业，对城镇化进程造成较大的不利影响。

（二）工业结构不合理，制约着非农就业和城乡协调发展

首先，工业结构不合理，在一个较长的时期内（主要是从2003年起），云南工业结构重型化特征较为明显，非烟轻工业发展滞后（见图6-7）。虽然近几年来云南加快工业结构调整，农副食品加工业，酒、饮料和精制茶制造业，医药制造业，食品制造业等行业总产值增长较快，但城镇工业发展吸纳的劳动力仍然较低，城镇集聚人口的能力仍然不强。工业发展对农业的带动效应还较弱，云南省优势农产品、优势生物资源潜力还没能得到充分发挥，制约着非农就业和城乡协调发展。长期以来，重工业比重过高也导致城镇建设、农村公共设施投资十分有限，严重制约了城乡经济的协调发展。

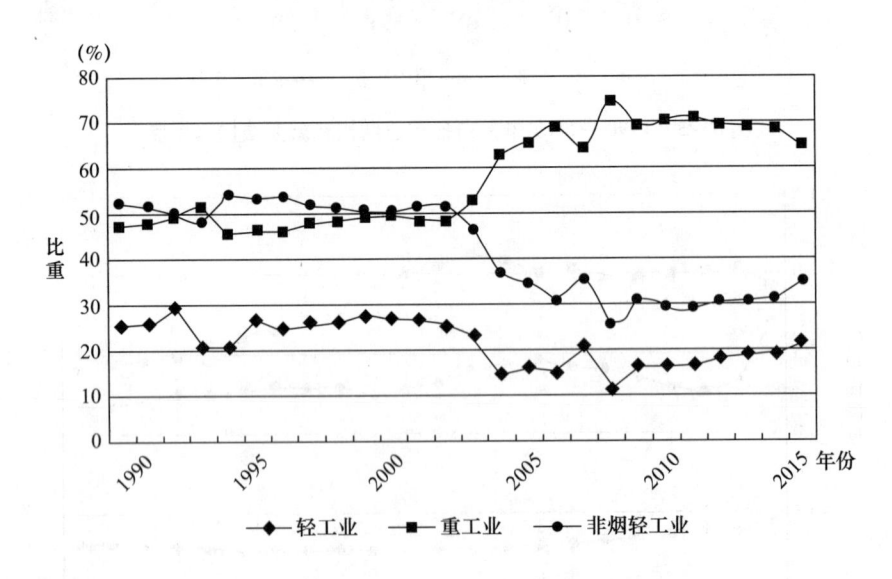

图6-7 1990—2015年云南省轻重工业、非烟轻工业总产值比重（当年价）

其次，工业结构重型化和层次较低，也导致资源、能源大量消耗，资源供给短缺、生态环境退化问题日益显现，对城镇水资源供

给、生态安全带来严重影响。东川、个旧等依托矿产资源的采掘—冶炼—初加工发展起来的城镇,随着矿产资源的逐渐枯竭,经济发展面临衰落的危机和挑战。一些靠以采掘和原材料为主的重化工业为主支撑的城镇,也面临运输困难、生产成本高、环境污染等问题。

最后,工业结构层次较低,工业经济效益不高,城镇化动力不足。工业原材料工业和资源型传统产业比重大,产业加工链条短,制造业和高新技术产业发展滞后,这在相当大的程度上造成城镇经济实力不强,影响到城镇建设资金的积累和基础设施建设投入。容纳人口和产业的能力低,导致城镇集聚人口的能力偏低。从而也造成城镇经济发展缺乏活力,对区域经济发展的辐射带动能力弱。

2003—2009年,云南省工业总产值实际增长3619.54亿元。实际增长额超过100亿元的行业包括有色金属冶炼及压延加工业,黑色金属冶炼及压延加工业,电力、热力的生产和供应业,烟草制品业,化学原料及化学制品制造业,煤炭开采和洗选业,石油加工、炼焦及核燃料加工业,农副食品加工业,非金属矿物制品业,交通运输设备制造业10个,占全部行业总额的80.49%(见表6-1)。其中,有色金属冶炼及压延加工业,黑色金属冶炼及压延加工业,电力、热力的生产和供应业,烟草制品业,化学原料及化学制品制造业5个行业的总产值实际增长额占全部行业总额的61.18%。[①]

表6-1　　　2003—2009年云南省工业大类行业
占总产值实际增加额的比重　　　单位:%

工业大类行业	比重	工业大类行业	比重
有色金属冶炼及压延加工业	16.60	交通运输设备制造业	3.01
黑色金属冶炼及压延加工业	12.75	黑色金属矿采选业	2.59
电力、热力的生产和供应业	11.78	医药制造业	2.28
烟草制品业	10.98	有色金属矿采选业	2.04
化学原料及化学制品制造业	9.07	饮料制造业	1.78

---

① 武友德、杨旺舟:《云南省转变工业发展方式的对策研究》,《地域研究与开发》2011年第3期。

续表

工业大类行业	比重	工业大类行业	比重
煤炭开采和洗选业	4.48	电气机械及器材制造业	1.52
石油加工、炼焦及核燃料加工业	4.17	非金属矿采选业	1.31
农副食品加工业	3.94	金属制品业	1.11
非金属矿物制品业	3.71	通用设备制造业	1.11

资料来源：根据相关年份《云南统计年鉴》规模以上工业企业总产值计算得出。

2010—2014 年，云南省工业总产值增长 2740.98 亿元。增长额超过 100 亿元的行业包括电力、热力的生产和供应业，烟草制品业，农副食品加工业，有色金属冶炼和压延加工业，非金属矿物制品业，酒、饮料和精制茶制造业，医药制造业，橡胶和塑料制品业 8 个，占全部行业总额的 72.63%。其中，电力、热力的生产和供应业，烟草制品业，农副食品加工业，有色金属冶炼和压延加工业，非金属矿物制品业 5 个行业增长额占工业增长总额的 59.87%（见表 6-2）。

表 6-2　　2010—2014 年云南省工业大类行业占总产值实际增加额的比重　　单位：%

工业大类行业	比重	工业大类行业	比重
电力、热力的生产和供应业	18.87	化学原料和化学制品制造业	2.67
烟草制品业	13.95	汽车制造业	2.41
农副食品加工业	10.31	黑色金属冶炼和压延加工业	2.30
有色金属冶炼和压延加工业	9.33	文教、工美、体育和娱乐用品制造业	2.26
非金属矿物制品业	7.41	金属制品业	1.88
酒、饮料和精制茶制造业	5.19	木材加工及木、竹、藤、棕、草制品业	1.72
医药制造业	3.87	电气机械及器材制造业	1.45
橡胶和塑料制品业	3.70	黑色金属矿采选业	1.35
有色金属矿采选业	3.51	非金属矿采选业	1.29
食品制造业	3.47	专用设备制造业	1.20

资料来源：根据相关年份《云南统计年鉴》规模以上工业企业总产值计算得出。

从两个阶段工业总产值增长构成来看，近几年来，云南省加快工业结构的调整后，农副食品加工业，酒、饮料和精制茶制造业，农副食品制造业等轻工业得到较快发展，对带动云南高原特色农业、农村发展与非农就业具有积极的推动作用。但是，有色金属矿采选、冶炼和压延，黑色金属矿采选、冶炼和压延，化学原料和化学制品制造业，非金属矿采选业等原材料工业比重还较大，工业增长额占全总额的20.45%。而且，工业结构层次偏低，装备制造和高新技术制造业发展还相对比较落后，工业经济效益还不高。2010—2014年，反映装备制造、高新技术制造发展水平的通用设备制造业，专用设备制造业，铁路、船舶、航空航天和其他运输设备制造，电气机械及器材制造业，计算机、通信和其他电子设备制造业，仪器仪表制造业6个行业仅占工业增长总额的4.05%。

三　城镇化水平低和城镇体系结构失衡

云南城镇化水平偏低，城镇化滞后于工业化、经济发展水平，城镇规模普遍偏小，城镇体系发育不健全，城镇首位度过高，城镇化水平空间差异较大。

（一）城镇化水平偏低，滞后于工业化、经济发展水平

首先，城镇化水平低。由于历史基础薄弱，工业化水平不高，城镇化起步晚，资源环境基础、社会经济等诸多条件的制约，云南省城镇化水平与全国平均水平相比，存在较大差距。2010年，云南省的城镇化水平比全国平均水平的50.27%低15.55个百分点，在中国31个省市自治区中居倒数第三位。截至2015年年底，云南省人口城镇化率为43.33%，依然比全国平均水平低12.77个百分点。

其次，城镇化水平滞后于经济发展水平和工业化水平。与钱纳里等总结的世界常态城镇化水平相比较，云南省城镇化水平明显滞后于工业化水平和经济发展水平。与全国相比较，云南省城镇化水平偏离常态城镇化水平的程度更为明显。

（二）城镇规模普遍偏小，大部分城镇辐射带动能力较弱

2014年，国务院发布《关于调整城市规模划分标准的通知》（国发〔2014〕51号），以城区常住人口为统计口径，将城市规模划分标准调整为五类七档（见表6-3）。

表6-3　　我国城市规模划分的新标准

城市规模分类	城区常住人口	城市规模分档	
小城市	<50万	≥20万、<50万	Ⅰ型小城市
		<20万	Ⅱ型小城市
中等城市	≥50万、<100万		
大城市	≥100万、<500万	≥300万、<500万	Ⅰ型大城市
		≥100万、<300万	Ⅱ型大城市
特大城市	≥500万、<1000万		
超大城市	≥1000万		

根据第六次全国人口普查数据，云南省城镇规模只有大城市、小城市两个层次。大城市有昆明市1个，小城市尤其是Ⅱ型小城市比重大。全省缺少中等城市和特大城市（见表6-4）。总体上看，城镇规模普遍偏小，城镇规模效应偏小，导致城镇产业发展、基础设施利用等效率损失。大部分城镇经济集聚能力和集聚效应弱。

表6-4　基于第六次全国人口普查（2010年）数据的云南城市规模划分

城镇规模（类、档）		城市名称以及城镇人口（万）	备注
小城市	Ⅱ型小城市	安宁市（18.35）、保山市（19.50）、丽江市（15.17）、普洱市（17.45）、临沧市（12.72）、个旧市（6.48）、开远市（19.43）、景洪市（15.63）、瑞丽市（8.83）、潞西市（11.92）	昆明市包括4个区，不包括东川区
	Ⅰ型小城市	曲靖市（40.96）、宣威市（22.34）、玉溪市（28.28）、昭通市（23.71）、楚雄市（29.53）、大理市（27.83）	
大城市	Ⅰ型大城市	昆明市（305.15）	

注：蒙自市、文山市以及弥勒市、香格里拉市分别于2010年以及2013年、2014年批准撤县设市，缺少第六次人口普查的相关数据。这几个城市中，除蒙自市人口规模稍大之外，其余几个城市人口规模较小。

（三）城市首位度高和城镇规模等级结构、空间结构失衡

首先，云南省城镇规模结构不协调。云南省城市首位度①过高。2010年，最大城市昆明城镇人口为305.15万，第二大城市曲靖市为40.96万，城市首位度达到7.45，远高于全国2.34的平均水平。除昆明市、曲靖市规模较大外，其他中小城镇规模较小，导致城镇对生产要素的吸引力较弱。

其次，云南省城镇空间结构不平衡。大城市昆明市以及曲靖、楚雄、玉溪等规模较大的城市分布在滇中地区，滇西、滇西南地区缺乏较大城市的支撑。从城镇人口密度空间格局来看，大致以哀牢山—元江一线为界，城镇人口密度存在明显的东西差异，东部地区高于西部地区。滇中地区、滇东南、洱海盆地等区域人口密度较高，滇东北地区也相对较高。从城镇化率的空间格局来看，区域之间城镇化率差异也较大。2010年，城镇化率最高的昆明市为67.44%，最低的昭通市为18.71%，两市的城市镇化率相差3倍之多。城镇化水平较高的地区为经济发展相对较快的昆明、玉溪、曲靖、红河、西双版纳等市州。另外，城镇人口向滇中地区中南部、滇东南个开蒙地区的空间集聚趋势增强，形成滇中、滇东南两大城市群。

四 区域与城乡间经济发展的差距较大

（一）区域之间的经济发展差距较大

从云南省的土地经济密度空间分布来看，大致以哀牢山—元江一线为界，东部、西部地区的差异十分明显。东部地区经济发展水平较高，经济密度较大。西部地区除以大理市为核心的洱海盆地及其周边区域之外，大部分地区经济发展水平较低，经济密度也较低。其中，西部纵向岭谷区以洱海盆地为核心，向南、向北递减。东部地区以中部（滇中地区）的经济发展水平最高，东南部的个旧、开远、蒙自地区经济发展水平相对较高。滇东北地区由于人口密度较大，经济密度也相对较高。总体上看，全省经济密度呈现向滇中地区、洱海盆地以及滇东南的个旧、开远、蒙自、文山4个城市及其周边3个区域集聚

---

① 城市首位度等于区域内最大城市与第二大城市人口的比值。

的趋势。

（二）农村发展滞后，城乡差距较大

农业效益低、农村长期落后是云南省城镇化进程中长期存在的基本问题。由于云南省农业发展受自然条件限制，再加上各种各样的原因，其整体农业发展水平低下。农业生产能力的不足，再加上恶劣的自然条件，云南省农村的贫困面积广大，贫困人口众多；农业的发展承担着为工业和人口城镇化发展提供产品、劳动力、资本及市场四大贡献。由于云南省农业和农村发展的落后，农村除为城市和工业发展提供低素质的劳动力外，对提供剩余农产品、资本及市场贡献较小，对城镇化的推力不足。因此，农业和农村发展落后，对云南省人口城镇化产生显著制约。2015年，云南省城镇居民家庭人均可支配收入为27278元，而农民人均纯收入仅为8242元，城乡居民收入差距达2.31倍。云南省区域之间的城乡差距也十分明显。在我国划定的连片特困地区中，滇桂黔石漠化区、乌蒙山区、滇西边境山区以及四省藏区几乎覆盖云南省除滇中以外的区域，境内山区、农村地区贫困成为城乡差距大的主要原因，且与脆弱生态环境、人口素质偏低等因素叠加，加剧了区域发展差距问题的复杂性。

五 交通与城镇基础设施建设相对滞后

云南省交通基础设施建设滞后，"瓶颈"制约依然存在。截至目前，云南省交通基础设施网络仍然需要进一步完善，尤其是高速公路网络化程度偏低，出境出省通道能力不足。普通公路、水运设施等级偏低，部分地区公路通达程度仍然不足，交通运输对社会经济发展的"瓶颈"制约依然存在。交通基础设施建设规模、速度与支撑云南省经济社会跨越发展、建成面向南亚东南亚辐射中心，主动融入和服务"一带一路"、"新型城镇化"等国家战略不相适应。另外，规模较大城市（群）的交通集聚辐射及承载能力还偏弱。尚未建成有效衔接大中小城镇的多层次、网络化的交通运输服务网络。交通运输支撑、引领新型城镇化的关键作用还没有得到充分发挥。另外，云南省城镇基础设施不完善，城镇综合承载能力偏低。主要表现为：部分城镇尤其是规模较小城镇的道路交通、公共交通、污水和垃圾处理设施以及绿化覆盖等基础设施，以及就业、住房、教育、医疗卫生、文化、体育、养老等公共服务设施还不完善，公共服务能力还有待增强。

第三节 云南新型城镇化战略转型的框架

一 战略转型的基本思路、理念和目标

（一）基本思路

转变云南省城镇化的观念和方式，将创新、协调、绿色、开放、共享五大发展理念全面融入云南省新型城镇化的全过程，推动城镇化从"物本"到"人本"、从城乡分割到城乡统筹发展转变，由粗放型、外延型向资源集约和内涵提升型转变，城镇化发展动力由投资驱动向投资、消费联合驱动方向转变以及由工业尤其是重化工业主导向工业、服务业协同驱动转变，城镇功能由以生产为主向生产、生活、生态和谐转变，城镇化发展形态由空间分散型向以城市群主导、大中城市协调发展的集中紧凑型转变。实现以人为本、城乡协调互动的高效、和谐、健康的、符合云南省实际和特色的科学城镇化道路。

（二）基本理念

1. 以人为本

坚持共享发展，把保障和改善民生作为新型城镇化的根本出发点和落脚点。在城镇化进程中，坚持富民为先、就业优先，重视发展吸纳就业能力强的劳动密集型产业，促进农村剩余劳动力转移和市民化，缩小城乡差距，实现人的平等、尊严以及社会和谐。积极发展与改善民生密切相关的医疗卫生、教育、文化娱乐等城镇生活性服务业，提高城镇以及乡村人民的生活质量。把改善民生、缩小城乡发展差距摆在突出重要的位置。

2. 协调发展

协调发展包括区域协调发展和城乡协调发展两大方面。区域协调发展要求科学地确定各个区域的主体功能定位、产业分工与合作、中心城市的职能等方面，充分发挥各个区域的优势和潜力，提升全省总

体经济实力和城镇化水平；城乡协调发展要求统筹城乡发展，实现以工促农、以城带乡、工农互惠、城乡一体的新型城乡关系。充分发挥城镇的辐射带动作用，以及对生产要素的集聚和整合功能，推动乡村人口就地、就近城镇化。

3. 开放发展

紧紧围绕将云南省建成中国面向南亚、东南亚辐射中心这一战略目标，抓住国家"一带一路"建设的机遇，发挥云南省在中国—东盟自由贸易区、大湄公河次区域合作、孟中印缅经济走廊、中国—中南半岛经济走廊、泛珠三角区域合作等多边多向区域合作与对外开放的区位优势，面向境外打通公路、铁路、航空、水运的现代化国际大通道，发展更高层次的开放型经济，推动云南新型城镇化的外向型国际化建设。

4. 绿色发展

建设资源节约型、环境友好型的"两型城镇"。在新型城镇化进程中，推动建立绿色、低碳、循环发展产业体系，以及建设清洁低碳、安全高效的现代能源体系。推广城镇节能、节材、节水、节地技术，提倡节能节地型建筑，培育节约型生产、生活方式和消费模式。防止城市过度蔓延和无序发展。

5. 创新发展

把体制机制创新、科技创新、产业创新等放在特别重要的位置。着力破解制约新型城镇化发展的制度、体制和机制等障碍，激发新型城镇化的活力。培育新型城镇化发展新动力，优化劳动力、资本、土地、技术、管理等要素配置。激发城镇市民创新创业活力，创造新供给、新业态。推进智慧型城镇化建设，积极推动城镇化与信息化深度融合，加快智慧城市、智慧社区、智慧园区建设，构建智慧型产业体系和交通体系，强化城市智慧管理。

（三）总体目标

增强产业支撑能力与城镇产业吸纳就业能力，稳步提高城镇化水平；保护与传承城镇及其所在区域文化特色，推进云南各区域个性鲜明的特色城镇建设；改善生态环境和人居环境，完善城镇化基础设施和社会服务设施，不断增强城镇服务能力和保障能力，稳步提高城镇化质量；优化城镇化空间格局和城镇规模结构体系，实现区域城镇科学的职能分工和城镇化均衡、有序发展；统筹城乡发展，逐步缩小城乡差距，持续提高城乡居民收入水平、生活质量，增强城乡一体化发展能力。推动城镇化、工业化、信息化、农业现代化协调发展，以新型城镇化引导产业新体系。实现区域、城乡、产业的融合协调发展。

二 新型城镇化战略转型的基本方向

（一）由外延型城镇化转向质量型城镇化

在云南省城镇化进程中，走适合各个区域资源环境特点、经济发展条件以及具有区域特色的资源集约型、环境友好型城镇化道路，建设"两型城市"，着力完善城镇功能与提升城镇生态、人口就业和产业发展等的承载能力。

1. 严格控制城镇蔓延式扩张，建设山地城镇

山地面积比重大和土地资源相对不足是云南省的基本省情。随着工业化、城镇化快速发展，坝区优质耕地大幅减少，建设用地供需矛盾日益突出。而低丘缓坡土地约占云南省国土面积的52%，宜建山坡地空间较大。因此，云南省应切实推进城镇用地、工业用地上山，拓展城镇发展空间，保护坝区优质耕地资源。通过交通等基础设施将城区连接起来，实现组团发展。充分利用自然山势、水系，依山就势，建设山、水、林、城有机结合的独特生态城镇。另外，合理控制城镇用地规模，避免盲目地贪大求洋和"摊大饼"式的空间蔓延式扩张。充分挖掘城镇存量建设用地潜力，盘活空闲、废弃、低效存量土地。加强城镇空闲、废弃、低效用地的二次开发，推进城镇内涵式发展。促进城镇由偏重外延式扩展向注重内涵式提升、高效利用土地方向转变，走紧凑型城镇发展的模式。

2. 完善城镇服务功能，提升城镇化承载能力

把提升城镇化质量作为新型城镇化的重点。首先，加强城镇基础设施建设，完善城镇服务功能，增强城镇服务能力，提升城镇对人口、产业、要素的综合承载能力，促进城镇化从以规模扩张为主向功能完善的内涵提升方向转变。其次，完善医疗卫生、教育、文化养老等社会基础

设施建设，不断提高城镇的公共服务能力，满足居民多元化的生活需求。最后，加强生态建设和环境保护，提高城镇生态环境承载能力。

（二）由被动型城镇化转为主动型城镇化

被动型城镇化，是以政府为主导，通过政府行政手段将达不到城镇化条件的区域及其农村人口城镇化，把农民土地征为国有土地，把农民变为市民。被动型城镇化造成城镇区域扩大和城镇化率虚高，也导致失地农民没有稳定的就业和社会保障，农民被市民化后的生活负担加重，也加大政府债务的风险。① 主动城镇化，是以农村转移人口为主导，以市场和政府为引导，通过农村人口主动、有序地向城镇转移，实现市民化的城镇化过程。在主动城镇化过程中，市民化后的农村人口具有稳定的就业岗位和社会保障，充分享有城市基础设施和公共服务设施，实现了身份、职业、社会保障以及生活方式的市民化转变。因此，云南省在新型城镇化进程中，应重视培育城市（镇）周边区域的产业支撑，加强城市基础设施和公共服务设施建设，引导周边区域主动城镇化，实现人口市民化。

（三）由以地为本转向以人为本的城镇化

"以地生财"的城镇化是政府将土地作为推进城镇化、获得财政收入的重要途径。因此，传统的城镇化模式，以提升城镇化水平为名，大肆圈占农田、农地来增加城镇建设用地，进而获得巨额的土地财政收入，是导致土地资源大量占用，建成区不断蔓延扩张的虚高城镇化。新型城镇化既是人口城镇化、土地城镇化、经济城镇化和社会城镇化四大过程同时同步推进，也是促进人地关系协调发展的城镇化过程。其中，最核心的问题是人口城镇化。新型城镇化强调以人为本，是一种以人为核心的城镇化。要求将市民切身利益摆在突出位置，更加注重保障和改善民生，积极推进各项民生工程建设。消除户籍歧视、城乡歧视和区域歧视，为全体居民提供均等化的教育、医疗卫生、社保等基本公共服务，使进城定居常住人口以及农村居民都能

---

① 方创琳：《中国新型城镇化转型发展的战略方向》，《资源环境与发展》2014 年第 2 期。

有均等化的基本公共服务。

因此,云南在推进新型城镇化过程中,坚持以人为本,正确处理好人口城镇化、土地城镇化、经济城镇化、社会城镇化之间的相互促进与制约关系,遏制"卖地生财"的土地城镇化。首先,增加进城农民的创业和就业机会。健全和完善云南省进城农民的创业扶持政策,在规模较大的城镇创建各类进城农民创业园区,鼓励进城农民创业,降低创业门槛和创业成本,推动进城农民以创业带动就业。其次,加快推进城镇廉租住房、经济适用房、政策性租赁住房等社会保障性住房建设,改善低收入市民的居住条件,逐步解决进城农民的住房困难,有效地降低进城农民在城镇的生活成本。

(四) 由冒进式城镇化转向渐进式城镇化

城镇化是经济结构、社会结构和生产方式、生活方式的根本性转变,涉及产业结构转变和新产业支撑、城乡社会结构全面调整和转型、基础设施建设以及资源环境支撑等多个方面,是一个长期积累和长期发展的渐进式过程(陆大道,2007)。目前,云南省经济基础还较为薄弱,工业化水平不高,城镇发展面临资源环境基础、基础设施等因素的制约。因此,云南省应在科学认识基本省情、现实省情的基础上,积极稳妥、循序渐进地推进城镇化进程。具体包括科学合理地制定云南省和区域城镇化速度,避免追求土地大规模圈地的土地城镇化以及通过行政区划调整、扩大城镇辖区面积而人为拉动的虚高城镇化。避免盲目攀比、大拆大建,追求华丽硬质广场、豪华会展中心、大型人工水景、大马路、大立交等城镇化方式。着力避免城镇化的空间失控和蔓延式发展。将提升城镇产业的吸纳能力、基础设施与公共服务设施的支撑能力、资源环境的承载能力、城镇管理水平、制度创新等方面作为推进人口城镇化的着力点。

(五) 由内循环型城镇化转向开放发展型城镇化

依托云南省沿边对外开放优势,在"一带一路"倡议、孟中印缅经济走廊、中国—中南半岛经济走廊、面向南亚东南亚辐射中心等国家战略下,沿中越交通走廊沿线、中老泰交通走廊沿线、中缅交通走廊沿线、中缅印交通走廊沿线、边境沿线以及金沙江—长江经济带、云桂交通走廊沿线布局城镇,在开放经济背景下推进新型城镇化发展。

三 新型城镇化战略转型的支撑体系

(一) 城镇及周边区域生态环境支撑体系

1. 改善城镇建成区的人居环境

结合城乡环境整治、城镇改造、生态修复等,加强社区公园、湿地公园、绿道绿廊、道路林荫绿化等规划和建设,建设生态园林城镇。保障城镇水安全、修复城镇水生态,改善城镇水环境。

2. 提高城镇资源环境承载能力

完善城镇废气、废水、废渣即"三废"处理设施和废弃资源循环利用体系建设。加大生态环境保护和治理力度,建立以工业污染防治、城镇污水和垃圾处理、农业面源污染控制为主的污染防控体系。重视水资源的循环利用,提高水资源利用效率。加快城镇污水分流管网改造,提高污水处理效率。

3. 重视城镇周边生态环境保护

加强对城镇周边的生态建设和环境保护的力度。结合周边公路沿线、河流和湖泊岸线绿化,构建生态廊道体系。加强城镇饮用水水源地的生态修复和环境保护。积极开展周边郊野公园、森林公园、湿地建设和保护,重视城镇面山的植被恢复、绿化以及城镇附近重点区域地质灾害综合防治、陡坡地生态治理和水土流失综合治理,构建城镇生态安全屏障;加大城镇周边农业面源污染、工农业污水治理力度。推进城镇周边农村生活污水处理、畜禽粪便污染防治、农村卫生改厕等为重点的环境连片综合整治。

(二) 城镇基础设施建设和管理支撑体系

1. 道路交通等基础设施

加强云南省的城镇公共交通、公共停车场等公共交通设施建设,以及城镇道路、桥梁建设与改造,完善城镇道路网络系统,提高道路连通性和可达性。加强行人步行道、自行车道等"绿道"建设,重视充电桩、充电站等绿色交通基础设施建设。

2. 城镇管网建设和改造

加强全省城镇供水、供热、燃气、雨污、通信等地下管网以及供水、排水防涝、防洪设施、电网等改造、建设和运营管理。

3. 污水和垃圾处理设施

加强城镇生活污水、垃圾处理设施建设和改造，以及生活垃圾资源化、无害化处理设施，提升处理和再利用能力。

4. 提升基础设施管理水平

重视城镇规划、建设和管理的整体性、系统性，避免条块分割，多头管理。建立和完善城镇基础设施建设标准规范、质量评价体系。重点加强城镇地下管网综合管理，统一规划、建设、管理。建设"智慧城镇综合管理"系统平台，提升基础设施信息化、标准化管理水平。

（三）产业结构优化和转型升级支撑体系

城镇化过程的本质就是就业结构的城镇化，关键是从产业和就业方面培育城镇功能，形成"产业—就业"拉动型的城镇化路径。因此，云南省新型城镇化首先是抓住面向南亚、东南亚开放等机遇，统筹城乡产业发展，着力构建城乡一体的产业结构优化和转型升级支撑体系。从农业支撑能力、非农产业对劳动力吸纳能力、产业发展效益以及城乡产业融合联动发展等方面，提升城镇经济实力和集聚生产要素能力，促进非农就业和农民工市民化。

1. 加快传统农业向多功能性的现代农业转变

发挥农业的生态建设、观光休闲等功能，促进农业、工业与旅游业的联动发展，推进农业向医药、化工、能源、环保、旅游等领域延伸；重视高原特色农业基地建设和特色产品精深加工产业的发展；将农业—加工业—流通贸易业合理布局在乡村—城郊—城镇，形成城乡、工农之间联系紧密的产业链，构建连接三次产业、沟通城乡，融合研发—加工—包装—营销等环节为一体的工农贸产业链，形成以点带面、城乡产业联动发展格局，有效地推进传统农业向现代农业的转变。

2. 构建云南特色、行业合理的工业体系

首先，应重视发展特色优势农产品加工业。壮大核桃、茶叶、咖啡、花卉、香料等劳动密集、吸纳就业和惠农作用显著的农产品加工业，扶持龙头企业，培育高原特色农产品深加工产业群，拓宽农民增收、农村劳动力转移的渠道。

其次,改造和提升传统原材料工业。推进产品精深加工和产品升级,延长产业链。加快传统煤化工向现代煤化工转型。促进钢、铜、铝、铅锌、锡等产品精深加工。推进磷化工向精细化和专用化方向发展,促进磷化工产品在医药、染料、涂料、电子、食品、饲料等行业中的应用。发展有色金属新材料、硅基微电子新材料、塑料新材料、橡胶新材料、功能性特种涂料以及铟、锗、硅光电子信息新材料。加速传统原材料工业转型和升级,大幅度提高资源利用效率和经济效益。

最后,着力发展生物医药制造业。充分发挥云南省药材资源丰富的优势,抓住国家加快培育和发展生物医药制造业的机遇,发展以中成药、中药制剂、中药保健品、民族医药等为主的生物医药制造业,带动农村中药材种植,推进工业结构升级。

3. 重视和推进旅游、现代物流业等第三产业发展

积极发展面向民生的教育、医疗卫生、新闻出版、广播影视、旅游、文化和休闲娱乐等生活性服务业,满足人民日益增长的多样化需求;加快发展生产性服务业,促进生产性服务业与先进制造业、现代农业的融合发展,加快农产品生产和制造业从生产加工环节向技术研发、工业设计、信息咨询、质量检测、产品运输、产品营销等产前、产中、产后服务环节延伸,提高农业和工业的发展效率;积极发展节能环保服务业,重点推进旅游业、现代物流业两大复合型服务业的发展。充分发挥云南旅游资源富集的优势,将旅游业作为扩大就业和推进新型城镇化的战略性驱动产业,促进旅游业与农业、工业、金融、物流、信息咨询、文化娱乐、商务会展等相关行业联动发展,加快旅游业由强调经济功能向发挥经济、社会、文化等综合功能转变。依托面向南亚、东南亚开放和大通道建设等机遇,积极发展现代物流业和商贸服务业,把云南建设成为我国面向东南亚、南亚的重要物流中心,带动沿边以及物流通道沿线和节点城镇的发展。

(四)城镇管理、监测、评估和指导体系

1. 完善城镇规划管理体系

加强城镇发展规划的管理和审批,避免城镇规划中的急功近利,确保城镇发展规划客观、科学并充分体现公众利益。

2. 城镇化监测和评估体系

制定和完善一套科学反映云南省及其各个区域人口与就业、经济与社会发展、居民生活和社会保障、生态环境、城乡协调等科学的城镇化监测和评估体系。在科学监测和评估的基础上，确保云南省及其各区域城镇化发展水平与水土资源、环境承载力保持一致，与城镇产业结构转型和吸纳新增就业人口的能力保持一致。

3. 制定区域分类指导标准

云南省各区域资源环境基础，经济发展和城镇化条件和基础差异较大，应根据其区域资源环境基础、发展优势与潜力、人口与经济密度、产业规模和产业结构演变速度，结合主体功能区划及其功能定位，分类指导，提出各个区域城镇化的适度规模、速度与等级规模结构。

（五）新型城镇化的资金和融资支撑体系

拓宽城镇建设资金的融资渠道，构建多元化的筹资机制，通过争取中央增加财政拨款、国际组织和国际金融组织资助以及培育市场化的投融资平台、引入民间资本等途径，多渠道筹集资金，增加城镇建设资金的投入。主要包括以下三个方面。

1. 争取中央以及相关部门的财政资金

抓住国家新型城镇化、"一带一路"建设等机遇，用好、用活国家的相关政策，积极开展城镇建设、工业发展、工业园区、物流园区等建设项目规划，争取国家对这些建设项目立项以及资金支持。争取国家各部委对云南城镇基础设施建设和产业发展的资金扶持。

2. 争取外国政府和国际金融组织资助

抓住云南省沿边金融综合改革试验区建设等机遇，积极争取国际货币基金组织、世界银行、亚洲开发银行以及亚洲基础设施投资银行等国际金融机构对云南省新型城镇化贷款。结合云南省旅游开发、生物多样性保护、世界遗产地保护以及边疆地区和少数民族地区产业发展、特色城镇建设等项目，争取联合国教科文组织、国际农业发展基金会、联合国工业发展组织等联合国专门机构的资金支持。

3. 培育市场化的投融资平台

政府加快投融资体制改革，培育新型城镇化相关的投融资平台以及跨境投融资平台。通过多元化投资主体、多层次融资结构和多渠道的融资方式，带动大量社会资金参与城镇建设。构建政府和民间共同投资的新格局，保障云南省新型城镇化建设的资金供给和融资保障体系。

（六）城镇建设相关政策和机制支撑体系

1. 推进户籍制度和农村土地制度改革创新

推进户籍制度的分类改革，为进城人员创造条件，使他们进得来、住得下、留得住。同时，充分利用土地资本红利化，解决农民进城定居或创业的资金问题。也可以减少进城农民在农村的土地占用，提高土地资源的利用效率。

2. 降低过渡期内进城农民风险

进城农民进城后，在就业尚不稳定、生活没有充分保障的情况下，无法切断与土地的联系。因此，云南省应实施和落实过渡期给予进城农民"城乡兼有"的特殊身份。允许进城农民转户后，仍然保留农村原有的承包地、宅基地、集体经济分红等基本权益，满足他们保留退路的愿望，降低进城风险。在过渡期间，进城农民享有双重待遇，也就是既享受农民的身份待遇，又享受市民身份待遇，使农民"退可回农村，进可入城镇"，消除进城农民后顾之忧。

3. 引导城镇、工业项目上山机制

改革土地政策，健全激励约束机制，在新型城镇化进程中，积极引导"城镇上山"和工业项目上山。对利用缓坡山地建设城镇产业项目的企业，适当降低和建设用地的基准地价。各类基础设施、服务设施、产业发展等资金向利用宜建山地建设的项目倾斜。金融机构加大对工业、城镇用地上山建设项目的信贷支持。

4. 完善各级政府的政绩考核体系

转变以GDP为核心的政绩考核体系，在政绩考核中纳入资源环境绩效、投资效率、人居环境等指标，树立正确的导向，引导城镇建设与生态建设、环境保护、产业发展等健康和可持续发展。

5. 加强城镇建设和管理的考核

在新型城镇化建设进程中，将涉及国计民生和城镇安全的地下管网、供水排水、防洪防涝、雨污处理、消防及道路交通等重点项目纳入政府的考核体系，对成绩突出的城镇进行奖励，追究发生安全事故的政府负责人相关责任。

第七章 开放经济背景下云南新型城镇化战略布局

第一节 新型城镇化的交通支撑：外向型交通网络空间布局与优化

交通设施是城镇发展的主要基础设施，交通网络是城镇发展的基础物质网络。在开放经济背景下，推进云南新型城镇化发展，首先要优化布局新型城镇化发展的外向型交通网络。

一 外向型交通走廊建设

工业革命以来，世界范围的城市化浪潮，极大地提高了人们的生活水平，促进了经济社会繁荣，对不同社会经济形态和国家的快速发展均起到了不可忽视的作用，其中，交通建设的作用更是不可忽视。2014年，中共中央、国务院印发的《国家新型城镇化规划（2014—2020年）》提出，要努力走出一条"以人为本、'四化'同步、优化布局、生态文明、文化传承"的中国特色新型城镇化道路。在优化城镇化布局和形态方面，《国家新型城镇化规划（2014—2020年）》提出，要强化综合交通运输网络支撑，构建"两横轴三纵轴"交通通道，其中，两条横轴通道是陆桥通道和长江通道，三条纵轴通道是东边的沿海轴线通道、中间的京哈—京广通道、西边的包头—昆明通道，以轴线上城市群和节点城市为依托、其他城镇化地区为重要组成部分，形成新时期中国大中小城市和小城镇协调发展的"两横三纵"城镇化战略格局。①

---

① 参见《国家新型城镇化规划（2014—2020年）》。

中共中央、国务院印发的《国家新型城镇化规划（2014—2020年）》在云南省建设新型城镇化的道路上值得借鉴，云南应努力探索出一条有云南特色的新型城镇化道路。按照《云南澜沧江开发开放经济带发展规划（2015—2020年）》要求，在外向型交通网络空间布局与优化方面，同样要强化综合交通走廊的支撑，构建"一轴（沿澜沧江发展主轴）、两极（大理—保山隆阳增长极和临沧临翔—普洱思茅—西双版纳景洪增长极）、两区（边境沿线沿边开发开放试验区和边境经济合作区）、三屏（滇西北'三江并流'生态屏障和哀牢山—无量山生态屏障、南部边境生态屏障）"的空间布局，统筹推进滇西北、滇西南发展，明确新型城镇化建设过程中空间开发的重点，形成布局合理、联系紧密、特色鲜明、城镇体系完善的空间结构。

云南省地处古代南方丝绸之路的要道，与东南亚的缅甸、老挝和越南三国接壤，是"一带一路"建设、孟中印缅经济走廊、中国—中南半岛经济走廊建设的重要节点。在国家战略背景下，云南省面向国外的中越、中缅、中老的交通走廊的建设以及面向国内的交通走廊建设便成了云南省在走新型城镇化道路过程中至关重要的战略支撑。

（一）中越交通走廊

我国有广西壮族自治区和云南省与越南接壤。从2004年"两廊一圈"的提出，到如今的中越两国在贸易旅游方面所呈现出的经济欣欣向荣的景象，以及展望未来的中越交通走廊，都将极大地促进云南省新型城镇化的实施。

1. 中越"两廊一圈"的提出

中越"两廊一圈"于2004年由越方首先提出并得到了中国政府的响应和支持。"两廊一圈"是指云南和越南各沿途城市形成的经济走廊，即"昆明—老街—河内—海防"经济走廊，以及由广西和越南接壤的沿边城市形成的经济走廊，即南宁—谅山—河内—海防经济走廊，再加上由广西北部湾地区和越南北部湾地区组成的环北部湾经济圈。云南省新型城镇化的发展进程中，中越交通走廊构成了纵向的南北出境交通走廊。

2. 中越交通走廊的构成

中越交通走廊由铁路、公路、水运等交通类型构成（见表7-1）。

表7-1　　　　　　　　中国云南—越南交通走廊的构成

类别	线路	备注
中越铁路交通走廊	泛亚铁路东线（准轨的新滇越铁路，在国内段昆明—河口称为新昆河铁路）	
	米轨老滇越铁路	
中越公路交通走廊	国道主干线（GZ40）二连浩特—河口公路的云南段（昆明—蒙自—河口高速公路）	
中越水运交通走廊	元江—红河水运通道	
云南—广西—越南水陆联运交通走廊	云贵铁路	利用广西的北海港、钦州港等海港，经海运抵达越南及东南亚国家
	南昆铁路	
	昆明—富宁—那坡—靖西—南宁高速公路	
	昆明—富宁—百色—南宁高速公路	
	右江—珠江水运航道	

（1）中越铁路交通走廊。在云南境内，连接越南的铁路目前主要有两条：一条是标准轨的新昆河铁路（昆明—河口），昆河铁路是泛亚铁路东线的主要组成部分；另一条是1910年建成通车的米轨老滇越铁路（昆明—河口—河内）。2014年12月10日，全长大约142千米的蒙（自）河（口）准轨铁路正式开通运行，昆明至中越边境城市河口已拥有准轨和米轨两条铁路。新昆河铁路（昆明—河口），从云南省会昆明出发，向南经过玉溪、建水、蒙自、屏边、河口五市县，全程运行约6小时。滇越铁路是一条具有百年历史的"米轨"铁路，该铁路因起于原法属殖民地越南海防，经越南边境城市老街进入中国云南省河口，向北连接云南昆明，故称滇越铁路，滇越铁路在中国境内主要是河口至昆明段，因而滇越铁路国内段也称为昆河铁路。法国殖民者当时花了近七年的时间（1897—1903年）勘测线路，之后又花了七年时间（从1903年动工到1910年完工通车）完成了修

建，由于滇越铁路当时的建设标准低，再加上运营时间长，因此，这一百年滇越米轨铁路于2003年停止了客运①，但现今依然承担相应的货运职能。

（2）中越公路交通走廊。在云南境内，连接越南的主要公路为昆明—蒙自—河口高速公路，昆明—河口高速公路建成投入使用后，从云南昆明至越南首都河内的车辆正常行驶时间约为13个小时。昆明—河口高速公路是国家"五纵七横"公路交通网络中的国道主干线（GZ40）二连浩特—河口公路的其中一段，2013年10月，约400千米长的中越公路国际大通道（昆明—河内）云南段实现全程高速化，全程约需4个小时。②昆明—河口高速公路成为云南省首条全线通车的通往越南的出境高速公路。

（3）中越水运交通走廊。发源于云南的元江—红河在云南河口县出境，因此，中越水运交通主要是元江—红河水运通道。

（4）云南—广西—越南水陆联运交通走廊。云南与广西相邻，广西也与越南接壤，随着云贵铁路的开通，再加上原有的南昆铁路、昆明—富宁—那坡—靖西—南宁高速公路、昆明—富宁—百色—南宁高速公路等，云南还可借道广西，充分利用广西的北海港、钦州港等海港，再加上广西与越南在公路、铁路上的交通便利，形成云南—广西—越南水陆联运型交通走廊。

（二）中老泰交通走廊

中老泰交通走廊由铁路、公路、水运等交通类型构成（见表7-2）。

1. 中老泰铁路交通走廊

中国—老挝—泰国铁路是规划中的泛亚铁路中线的主体部分，分为中国—老挝和老挝—泰国两段。云南连接老挝、泰国的铁路主要是目前在建的中老铁路（中国昆明—老挝万象）以及拟建中的老挝—泰国铁路。经过中老两国的充分沟通和精心准备，中国老挝铁路于2016

---

① 网易云南：《昆河铁路今日通车 网易云南全程体验首发旅客列车》，http：//yn.news.163.com/14/1210/08/AD3FJ59Q03230LFP.html，2014年12月10日。

② 云南网：《锁蒙高速通车 昆明至河口4小时自驾单边缴费181元》，http：//yn.yunnan.cn/html/2013-10/10/content_2909704.htm，2013年10月10日。

表7-2 中国云南—老挝—泰国交通走廊的构成

类别	线路	备注
中老泰铁路交通走廊	规划中的泛亚铁路中线（分为中国—老挝和老挝—泰国两段）	中国老挝铁路于2016年12月全线开工建设，中国—老挝国际铁路从中国云南西双版纳的磨憨口岸出境，进入老挝的磨丁口岸，连接老挝首都万象。中泰双方于2014年签署了《中泰铁路合作谅解备忘录》
中老泰公路交通走廊	昆曼公路	昆曼公路（中国昆明—老挝—泰国曼谷）由三段构成，即中国段、老挝段和泰国段，在中国境内，昆曼公路起于云南省昆明市，途经玉溪市、普洱市、西双版纳州景洪市，跨过老挝境内的南塔省和波乔省，而后经会晒进入泰国的清孔、清莱、清迈抵达泰国首都曼谷
中老泰水运交通走廊	澜沧江—湄公河水运通道	

年12月全线开工建设。中国—老挝国际铁路从中国云南西双版纳的磨憨口岸出境进，入老挝的磨丁口岸，连接老挝首都万象，全长400多千米，设计时速为160千米，全线预计建设期为5年，预算总投资约400亿元人民币，投资的70%由中方承担、30%由老挝承担。① 中老铁路是第一个以中方为主投资建设、中外双方共同运营并与中国铁路网直接联通的境外铁路项目，铁路全线全部采用中国的技术标准、使用中国的相关设备。根据中泰双方于2014年签署的《中泰铁路合作谅解备忘录》，双方合作规划中的铁路线全长约860千米，呈"人"字形横穿泰国南北10个府。该铁路北起泰国东北部重要口岸廊开（位于泰国和老挝边境，经老挝可连接中老铁路），然后向南经乌隆府、孔敬府、呵叻府，在呵叻府呈"人"字形分为东南线和西南线，

---

① 新华社：《中国老挝铁路全线开工》，http://news.xinhuanet.com/world/2016-12/25/c_1120183940.htm，2016年12月25日。

东南线至泰国南部的罗勇府，西南方向通往泰国首都曼谷。① 中泰铁路项目自提出以来虽然多经波折，但仍然在推进之中。

2. 中老泰公路交通走廊

云南连接老挝、泰国的出境公路主要是昆曼公路（中国昆明—老挝—泰国曼谷）。昆曼公路全线由三段构成，即中国段、老挝段和泰国段，在中国境内，昆曼公路起于云南省昆明市，途经玉溪市、普洱市、西双版纳州景洪市，跨过老挝境内的南塔省和波乔省，而后经会晒进入泰国的清孔、清莱、清迈，最后抵达泰国首都曼谷，全程1800多千米均设计为高速（高等级）公路。昆曼公路在泰国境内向南可连接马来西亚、新加坡公路网。昆曼公路于2008年基本贯通。②

3. 中老泰水运交通走廊

中老泰水运交通主要是澜沧江—湄公河水运通道。

（三）中缅、中缅印交通走廊

缅甸位于云南省的西部及西南部，自北向南依次是云南省的怒江傈僳族自治州、德宏傣族景颇族自治州、临沧市、普洱市、西双版纳傣族自治州与缅甸接壤。在云南省的三个邻国中，缅甸是与云南省接壤边境线最长的国家，故缅甸在云南省的对外开放经济中占据主要地位。

1. 中缅印交通走廊的历史进程

由于独特的地理位置，云南在中国对外交往历史上长期发挥着重要的门户作用。早在秦汉时期，"南方丝绸之路"便造就了古代史上开放的云南，而这条历史悠久的古代"南方丝绸之路"从古至今便把中国与缅甸紧密地联系在一起。所谓"南方丝绸之路"指的就是中国古代开通的一条从成都出发，经过云南到达缅甸，经过印度后，直至中亚、西亚的商道，这条道路从汉代开始一直延续到唐代。"南方丝绸之路"也被历史学家称为"蜀身毒道"。

---

① 澎湃国际樊诗芸：《泰国媒体：中泰铁路首段9月开工，已与中国谈妥总造价》，http：//news.qq.com/a/20160729/043482.htm，2016年7月29日。

② 中国公路网：《昆曼公路：跨国大通道》，http：//www.chinahighway.com/zt/zt_info.php?id=224，2017年2月10日。

在中国抗日战争进入最艰难的岁月,由于日寇对中国东南沿海的占领和封锁,滇缅公路、史迪威公路(中印公路)便成为当时中国接受外援的主要通道,也成为云南对外交流的主要方向。

2. 中缅印交通走廊的发展现状及其展望

中缅、中缅印交通走廊由公路、铁路、水运等通道类型构成(见表7-3)。

表7-3　　　　　　中缅印交通走廊通道构成及其线路走向

类型	走向	线路(国内段)
公路通道	中缅公路	①昆明—大理—临沧—耿马—清水河
		②昆明—大理—保山—芒市—瑞丽
	中缅印公路	昆明—大理—保山—腾冲—猴桥口岸
铁路通道	中缅铁路	①昆明—大理—临沧—耿马—清水河
		②昆明—大理—保山—芒市—瑞丽
	中缅印铁路	昆明—大理—保山—芒市—瑞丽—腾冲—腾冲猴桥
水运通道	中缅水运通道	瑞丽江—伊洛瓦底江的中缅陆水联运

(1)公路通道。中缅公路主要有昆明—大理—临沧—耿马—清水河及昆明—大理—保山—芒市—瑞丽。昆明—大理已全程高速化,大理—临沧—耿马—清水河高速管理正在修建;昆明—大理—保山—芒市—瑞丽已实现全程高速化。中缅印公路主要是昆明—大理—保山—腾冲—猴桥口岸,该公路现在已基本实现高速化。

(2)铁路通道。中缅铁路主要有昆明—大理—临沧—耿马—清水河及昆明—大理—保山—芒市—瑞丽。昆明—大理铁路已通车,该段铁路现正在建设高速铁路。两大铁路的大理—临沧段正在修建,临沧—耿马—清水河段纳入规划修建;大理—保山—芒市—瑞丽铁路正在修建。中缅印铁路连接昆明—大理—保山—芒市—瑞丽铁路,在芒市向西北方向进入腾冲,经腾冲的猴桥口岸出境。

(3)水运通道。中缅水运通道主要是经瑞丽江—伊洛瓦底江的中缅陆水联运通道。

(四) 面向国内的出省交通走廊

面向国内的出省交通走廊包括铁路、公路和水运网络（见表7-4）。①八出省铁路网。包括拟建滇藏铁路、渝昆铁路，已经建成通车的成昆铁路、内昆铁路、贵昆铁路、南昆铁路、云桂铁路、沪昆客运专线8条省际铁路。②七出省高速公路网。即G5国家高速（昆明—北京）、昆明—重庆、昆明—杭州、昆明—上海、昆明—汕头、昆明—广州6个出省方向的高速通道和昆明—拉萨高速公路通道。③两出省水运通道。即金沙江—长江水运通道和右江—珠江水运通道。

表7-4　　　　　　　云南省面向国内的出省交通走廊

类别	线路
八出省铁路网	拟建滇藏铁路、渝昆铁路
	通车的成昆铁路、内昆铁路、贵昆铁路、南昆铁路、云桂铁路、沪昆客运专线
七出省高速公路网	已建成G5国家高速（昆明—北京）、昆明—重庆、昆明—杭州、昆明—上海、昆明—汕头、昆明—广州6个出省方向的高速通道
	拟建昆明—拉萨高速公路通道
两出省水运通道	金沙江—长江水运通道
	右江—珠江水运通道

二　综合交通运输网络建设

虽然地处西南边陲，地形地貌复杂，但经过多年的建设与发展，云南省已初步形成以民航机场为点、以铁路为主干线、以公路为联结网络、以水运为重要补充的综合性交通运输网络体系。

(一) "八出省、五出境"铁路网络

"八出省"铁路网络主要由滇藏铁路、成昆铁路、内昆铁路、贵昆铁路、南昆铁路、云桂铁路、渝昆铁路、沪昆客运专线8条省际铁路构成。目前，滇藏铁路昆明—楚雄—大理—丽江段已建成通车，丽江—香格里拉段正在建设，经香格里拉出云南进入西藏段需要加快推进。成昆铁路、内昆铁路、贵昆铁路、南昆铁路已建成；云桂铁路则

是国家《中长期铁路网规划》的重要干线铁路之一,是连接同处西南边疆的广西壮族自治区和云南两省区之间的首条高铁,南昆铁路东起广西南宁市,西至云南昆明市,正线全长 710 千米,初期运行时速 200 千米。2016 年 12 月 28 日,云桂铁路全线贯通,云贵西南大通道初步形成。沪昆客运专线即沪昆高铁,是国家《中长期铁路网规划》中"四纵四横"的快速客运通道之一,沪昆高铁东起上海,西至昆明,从东至西分别由沪杭客运专线、杭长客运专线以及长昆客运专线三段组成,沪昆高铁全线途经上海、杭州、南昌、长沙、贵阳、昆明 6 座省会城市及直辖市,线路全长 2252 千米,设计速度 300—350 千米/小时,初期运行时速 300 千米,是中国东西向线路里程最长、经过省份最多的高速铁路,也是国家规划的"五纵五横"综合运输大通道和"四纵四横"铁路客运专线网的重要组成部分。沪昆高铁已于 2016 年 12 月 28 日全线开通运营,经由沪昆高铁接入全国高速铁路网,云南东达上海、北上北京、南下广州皆可一日到达。重庆至昆明依托原有铁路线已可到达,渝昆高铁作为京昆高铁的重要组成部分也将于近年开工建设。

云南省的"五出境"铁路网络主要由中越铁路(昆明—河口—越南)、中老泰铁路(昆明—磨憨—老挝—泰国)、中缅铁路(昆明—瑞丽—缅甸)、中国经缅甸—南亚铁路(昆明—保山—芒市—腾冲猴桥口岸—密支那)、昆明—清水河—缅甸铁路(昆明—临沧—清水河口岸—缅甸)5 条出境铁路构成。[①] 目前,作为泛亚铁路网东线的中越铁路(昆明—河口—越南)云南境内段已全线开通。作为泛亚铁路网中线的中老泰铁路(昆明—磨憨—老挝—泰国),昆明—玉溪段已建成高速铁路并已通车,玉溪—磨憨段正在建设,磨憨—磨丁—老挝段正在建设。作为泛亚铁路网西线的中缅铁路(昆明—瑞丽—缅甸),云南省内大理—瑞丽段全长 329 千米,大理—瑞丽铁路是中缅国际铁路大通道的重要组成部分,现正在开工建设;中国经缅甸—南亚铁路

---

① 云南省政府:《云南省国民经济和社会发展第十三个五年规划纲要》,2016 年 4 月 22 日。

（昆明—保山—芒市—腾冲猴桥口岸—密支那），大理—保山—芒市段正在建设；昆明—清水河—缅甸铁路（昆明—临沧—清水河口岸—缅甸），大理—临沧段已于2015年12月开工建设，项目估算投资总额155.3亿元，建设工期约5.5年。

（二）"七出省、五出境"高速公路网络

云南省的"七出省"高速公路网主要由京昆高速（G5，北京—昆明）、渝昆高速（G85，重庆—昆明）、杭瑞高速（G56，杭州—昆明）、沪昆高速（G60，上海—昆明）、汕昆高速（G78，汕头—昆明）、广昆高速（G80，广州—昆明）6个出省方向的高速通道和滇藏公路（昆明—拉萨公路）通道构成。

（三）"两出省、三出境"水运网络

云南省拥有多条出境国际河流和出省跨省河流，同时，云南地处中国南方，降雨量充沛，河流的径流量大，具有发展水运的良好条件和地理优势。金沙江—长江航道、右江—珠江航道是国内重要的内河航运通道。澜沧江—湄公河流经中国云南—缅甸—老挝—泰国—柬埔寨—越南，是东南亚一条重要的国际河流，被称为"东方多瑙河"，元江—红河流经中国云南和越南，怒江—萨尔温江流经中国云南和缅甸，还有伊洛瓦底江等都具有国际长途水运和陆水联运的独特优势。云南省的"两出省"航运网络主要是金沙江—长江航道和右江—珠江航道两个出省方向的水运通道。而"三出境"航运通道则是由澜沧江—湄公河航运、中越元江—红河航运和中缅伊洛瓦底江陆水联运通道构成的航运网络。

（四）航空运输网络

据统计，截至2015年年底，云南省共建成运营的民用航空运输机场达到了13个，在建民用航空运输机场3个。"十三五"期间，云南将建设澜沧、沧源、红河、怒江、丘北、元阳等机场，预计到2020年，云南机场数量将达到20个。[①] 昆明长水机场是国家规划的国际枢

---

① 民航资源网：《云南省"十三五"完善机场布局向民航强省迈进》，http://news.carnoc.com/list/343/343422.html，2016年4月27日。

纽机场,目前已开通国内航线323条、国际航线57条、地区航线7条,总计开通了航线387条。目前,从昆明长水机场始发航线总计达284条,通航的城市148个,覆盖了东南亚7国、南亚5国,每周有130个以上的航班往返于南亚、东南亚国家,已成为中国飞往南亚、东南亚航线最多的机场之一。①

(五) 完善省内高速公路网络

完善省内高速公路网络,打造形成云南省"三横三纵"高速公路网。新增两条横向的高速公路,一是打通从文山—红河—普洱—临沧—德宏的高速公路;二是新建文山—红河—普洱—西双版纳—临沧—德宏边境沿线的沿边境高速公路。新打通的两条高速公路与已建成通车的杭瑞高速,一起构成云南省内的三条横向高速公路。打通迪庆州香格里拉—丽江—大理—临沧—沧源高速公路,与已通车的京昆(G5)—昆磨高速、(GZ40)二连浩特—河口高速云南段,形成云南省内三条纵向高速公路。

第二节　新型城镇化的空间格局:外向型城镇体系空间布局与优化

云南未来的新型城镇化,需要主动融入和服务国家"一带一路"、孟中印缅经济走廊、中国—中南半岛经济走廊、面向南亚东南亚辐射中心建设战略,依托交通轴线、交通网络,以现代制造业、现代服务业、现代农业为支撑,推进云南外向型城镇体系空间布局的优化。

一　"两大经济走廊"沿线城镇空间布局

"经济走廊"这一概念尚未得到学术界统一的认定,国内对于经济走廊概念的理解主要来源于1998年大湄公河次区域第八次部长会议上亚洲开发银行对大湄公河次区域经济走廊的定义。其实,亚洲开

---

① 新华网:《云南:航空网建设以密度辐射世界》,http://www.yn.xinhuanet.com/newscenter/2016-03/10/,2016年3月10日。

发银行把经济走廊定义为次区域范围内生产、投资、贸易和基础设施建设有机联系为一体的经济合作机制。① 也就是说，经济走廊是一种经济合作机制，其后，学术界才逐渐把经济走廊赋予了地理和空间内涵。在我国"一带一路"倡议的引领下，作为"一带一路"倡议轴线支撑的六大经济走廊的建设得到了周边绝大多数国家的积极响应，与建设相关的规划和谈判已经在进行当中。在这六大经济走廊中，与云南发展密切相关的是孟中印缅经济走廊和中国—中南半岛经济走廊。

云南省作为我国陆路连接东南亚、南亚、印度洋的最理想通道之一，在我国面向西南开放战略中具有明显的地缘优势，积极主动地融入国家整体发展战略，加快孟中印缅经济走廊和中国—中南半岛经济走廊的建设，不仅有利于推进我国"一带一路"建设，也有利于云南省突破发展现状，迈入跨越发展之列。云南在新的发展形势下，从我国边疆地区转变为次区域经济合作的中心地区，努力将云南打造为中国面向南亚和东南亚的辐射中心，促进云南省经济增长和社会进步，加速云南省新型城镇化格局的形成和发展。

（一）孟中印缅经济走廊沿线城镇布局

孟中印缅经济走廊是我国"一带一路"倡议的重要组成部分，经济走廊的建设前景光明，有利于创造南亚地区良好的发展环境，促进孟中印缅地区基础设施的互联互通，增进四国经贸、政治等领域的交流合作，给孟中印缅地区提供了良好的发展机遇。孟加拉、中国、印度、缅甸四国在经济结构上互补性强，从产业发展来看，中国已经处于工业化的中后期阶段，是制造业大国和世界工厂，印度处于工业化的初期向中期转变阶段，在软件、信息技术方面优势明显，而缅甸和孟加拉国作为世界最不发达国家成员，以农产品和各种资源的初级生产为主，经济走廊上四国产业的差异性、互补性成为走廊建设的重要基础，因此，四国在经济领域的合作大有可为。

---

① 卢光盛、邓涵、金珍：《GMS 经济走廊建设的经验教训及其对孟中印缅经济走廊的启示》，《东南亚研究》2016 年第 3 期。

孟中印缅经济走廊在地理空间上涵盖了中国云南省，缅甸，孟加拉国，印度西孟加拉邦、比哈尔邦和印度东北地区。经济走廊的建设根据四国资源禀赋的差异、产业分工的不同，采用点轴开发理论，构建以节点中心城市为核心的交通经济走廊，"点"是建立中心城市，形成区域发展的增长极，"轴"是依托主要交通干线向外辐射，最终形成带状、网状的城市空间分布。21世纪以来，在航空运输方面，昆明已与新德里、曼德勒、达卡、加尔各答、仰光、加德满都、科伦坡、马累等城市建立航线；在陆路运输方面，昆明至瑞丽、腾冲的高速公路已通车，腾冲至缅甸密支那的二级公路也已通车；在铁路运输方面，泛亚铁路的建设也在不断推进过程中。

孟中印缅经济走廊以昆明—保山—芒市—瑞丽为发展主轴，以保山—腾冲（猴桥）—泸水（片马）和祥云—临沧—孟定（清水河）为两翼。经济走廊的建设要发挥节点中心城市的辐射作用，构建以第一圈层为核心和第二圈层为次中心的城市结构①：第一圈层为滇中城市群、曼德勒、仰光、达卡、加尔各答，第二圈层为大理、保山、腾冲—瑞丽、密支那、腊戍、八莫、锡尔赫特、丁苏吉亚、巴特那等城市。滇中城市群是孟中印缅经济走廊在中国的第一圈层，滇中城市群在资金、技术、人才、产业基础、市场需求等方面都具有较大优势，发挥滇中城市群的带动作用，有利于加强与第二圈层城市的合作；大理、保山、腾冲、瑞丽为第二圈层的次中心城市，在交通、人才、资金、产业基础和配套设施上仍相对落后，但作为孟中印缅经济走廊的门户地区，第二圈层的城市具有更为明显的区位优势，要大力发展瑞丽口岸、畹町口岸、清水河口岸、猴桥口岸、盈江口岸、章凤口岸、片马口岸等国家一、二级口岸，发挥第二圈层城市的优势，建设一批特色的产业园区，例如，瑞丽—皎漂转口贸易加工业走廊、瑞丽—仰光商贸物流走廊、腾冲、六库—密支那—雷多—锡尔赫特农产品加工走廊、瑞丽—曼德勒—达卡制造业精深加工走廊、瑞丽—曼德勒—马

---

① 梁双陆、梁巧玲：《"一带一路"新常态下如何加快孟中印缅经济走廊建设——基于产业国际分工与布局的研究》，《天府新论》2015年第5期。

圭—吉大港轻工业走廊纵横交错的五大经济走廊，以及昆明—瑞丽及达卡—加尔各答的装备制造业等重化工业及金融、商贸等现代服务业走廊。①

（二）中国—中南半岛经济走廊沿线城镇布局

中国—中南半岛经济走廊是中国"一带一路"倡议中规划的六大经济走廊之一，国内有云南省和广西壮族自治区参与经济走廊建设。昆明和南宁是经济走廊建设的起点，途经越南、老挝、柬埔寨、泰国、马来西亚等国家，新加坡是经济走廊的终点。大湄公河次区域合作项目，从1992年开始启动，经过20多年的建设发展，在基础设施的互联互通、多边合作机制方面取得了不少成果。区内昆曼公路已建成通车，中老铁路已开工建设、中泰铁路即将开工，中老磨憨—磨丁合作经济区的建设已取得实质性进展，中越跨境经济合作区也在规划当中。从经济走廊沿线国家的合作意愿、建设难度来看，中国—中南半岛经济走廊的建设条件要比孟中印缅经济走廊成熟很多。

中国—中南半岛经济走廊依托沿线中心城市，以铁路和公路通道为载体，以人员流动、货物流通、资金流通、信息流通为基础，形成中国与东盟国家合作的跨国经济走廊，对于区域的一体化发展具有重要意义。云南省在参与中国—中南半岛经济走廊的建设中，要以滇中经济圈为主要载体，依托跨国公路、铁路网络，要大力发展磨憨—磨丁和河口跨境经济合作区，要大力发展以磨憨口岸、河口口岸、金水河口岸、天保口岸等一类口岸为主的口岸贸易。中国—中南半岛经济走廊的建设要依托滇中经济圈作为重要起点，扩大与广西壮族自治区的互动合作，以红河、玉溪、文山、西双版纳为经济走廊重要的节点城市，加强与东南亚各国的互利合作，实现共赢的良好发展局面，全面提高云南省对外开放合作的层次和水平。

二 "三带"沿线的城镇布局

（一）面向国内开放的金沙江—长江沿线城镇布局

金沙江开放合作经济带是长江黄金水道的重要部分，西北与澜沧

---

① 梁双陆、梁巧玲：《"一带一路"新常态下如何加快孟中印缅经济走廊建设——基于产业国际分工与布局的研究》，《天府新论》2015年第5期。

江开发开放经济带相连，东北与长江黄金水道相接，范围涵盖迪庆、丽江、大理、楚雄、昆明、曲靖和昭通7个市州的23个县区。金沙江开放合作经济带的提出，是因为区域内经济发展滞后、扶贫攻坚任务重、交通基础设施薄弱、少数民族众多，且位于我国长江上游，是我国长江上游重要的生态安全屏障。

为了明确城镇空间开发的重点，金沙江开放合作经济带着力构建"一屏、两翼、三组团"的空间格局。[①]"一屏"指的是金沙江河谷生态屏障。"两翼"是指西北发展翼和东北发展翼。西北发展翼以香格里拉为发展重点，加强与德钦县、维西县的发展联动，构成金沙江合作经济带的西北发展翼；东北发展翼是以水富县为发展重点，加强与绥江县、永善县的发展联动，构成经济带的东北发展翼。"三组团"是指丽江古城区与玉龙县组团，通过以古城与玉龙为核心的一体化，带动宁蒗县、华坪县、永胜县、鹤庆县、宾川县的发展；武定县与禄劝县组团，通过以武定禄劝为核心的一体化，辐射带动大姚县、永仁县、元谋县、东川区的发展；昭阳与鲁甸组团，通过以昭阳鲁甸为核心的一体化，带动巧家县、会泽县的发展。

为了完善沿金沙江—长江城镇体系和推进新型城镇化的建设，金沙江开放合作经济带规划建成"两群、三城、多点"的新型城镇化体系。通过滇西北和滇东北城市群建设，形成以昭鲁、丽江和香格里拉为核心的中心城市，培育和发展其他重点县城。根据不同地区的特点，因地制宜地建设现代农业型、工业型、旅游型、商贸型等特色小城镇。金沙江开放合作经济带的建设，有利于促进区域内生态环境的保护、基础设施的改善、经济的发展和人民生活水平的提高，对推动"一带一路"倡议和云南区域整体发展战略具有重大意义。

（二）澜沧江—湄公河沿线城镇布局

澜沧江—湄公河是中国西南主要的国际河流，流经中国（云南）、缅甸、老挝、泰国、越南、柬埔寨6国，被称为东方的多瑙河。澜沧江开发开放经济带与缅甸、老挝、越南三国接壤，在中国境内范围涵

[①] 云南省政府：《云南金沙江开放合作经济带发展规划（2016—2020年）》，2016年。

盖迪庆、怒江、大理、保山、临沧、普洱、西双版纳 7 个市州的 34 个县市区。澜沧江开发开放经济带是我国面向南亚、东南亚开放、合作、发展的前沿经济带，也是面向南亚、东南亚合作发展绿色经济的试验场和试验带，是云南省面向南亚、东南亚开放、合作建设生态文明排头兵的重点推进地带，同时还是沿江、沿线打造民族团结进步的示范区和示范带。

为了促进澜沧江—湄公河流域内的发展，明确空间开发的重点，澜沧江开发开放经济带着力构建"一轴、两极、两区"的空间格局。①"一轴"是指沿澜沧江发展主轴，依托交通网络的建设，优化经济带内产业的发展布局，形成流域内发展主轴；"两极"是指形成大理—隆阳增长极和临翔—思茅—景洪增长极；"两区"是指沿边开发开放试验区和边境经济合作区，云南勐腊（磨憨）重点开发开放试验区已于 2015 年经国务院批准设立，试验区将建设成为中老两国战略合作的重要平台和连通我国与中南半岛国家的重要交通枢纽，初步规划投资 2000 亿元以上，目前中老铁路已全面开工建设；临沧国家边境经济合作区和孟连（勐阿）边境经济合作区的建设，也将扩大边境地区与周边国家的交流合作。澜沧江—湄公河经济带的开发建设，将有利于深化对外开放合作的水平，改善经济带内交通基础设施条件，促进区域中心城市的发展和中小城镇的培育。

（三）面向沿边开发开放的缅甸—老挝—越南边境沿线城镇布局

云南省西与缅甸、南与老挝、东南与越南接壤，这一独特的区位优势，对缅甸—老挝—越南边境沿线地区而言，有着光明的发展前景。云南沿边开放地区的建设目前取得了一定的成绩，然而，受历史原因、自然条件、周边政治环境等因素的影响，沿边地区的发展仍相对滞后。随着国家"一带一路"建设的推进，孟中印缅经济走廊和中国—中南半岛经济走廊的规划建设，云南省沿边开放经济带获得了难得的发展机遇，沿边开放地区必然会在不久的将来旧貌换新颜。

在云南省 16 个市州中，保山、红河、文山、普洱、西双版纳、

---

① 云南省政府：《云南澜沧江开发开放经济带发展规划（2015—2020 年）》，2015 年。

德宏、怒江、临沧8个市州是沿边境市州。因此，云南沿边开放经济带包括保山市、红河州、文山州、普洱市、西双版纳州、德宏州、怒江州、临沧市8个边境市州，按照对缅甸—老挝—越南开放的三个战略方向，形成以滇中城市群为核心，以昆明—保山—芒市—瑞丽、昆明—磨憨、昆明—河口为三条出境大通道，以中国云南—缅甸、中国云南—老挝和中国云南—越南三个国际经济合作圈为支撑的"一核三线三圈"的空间开发格局。滇缅国际经济合作圈的建设以瑞丽国家重点开发开放试验区为引领，瑞丽和腾冲作为经济圈发展核心，联动耿马、孟连、泸水三县市，加强与缅甸的经贸合作往来；滇老国际经济合作圈的建设以磨憨—磨丁经济区为引领，以勐腊开发开放试验区作为经济圈发展核心，联动景洪、江城和孟连三县市，加强与老挝的经贸合作往来；滇越国际经济合作圈以河口边境经济合作区为引领，河口县作为经济圈发展核心，联动麻栗坡和金平地区，加强与越南的经贸联系。

云南沿边开放经济带作为全省对外开放的门户地区，在铁路、公路、航空、油气管道等基础设施的建设上日益完善，通过扩大对外开放，提高边境口岸对沿边地区开发的支撑作用，扩大对外贸易量，不断优化三次产业结构，实现沿边地区经济快速增长，实现云南省沿边地区新型城镇化的发展速度和质量同步提高。

三 六大城市群空间布局

城市群是指以中心城市为核心、以其他中小城市为外围、以广大农村为腹地，由中心城市向周围辐射构成的多个城市的集合体。[①] 城市群是城市发展到成熟阶段的产物，城市群内部依托一定的自然、交通等条件，城市间经济联系紧密，区域内产业间分工协作，城市职能上分工合作、互为补充。通过极化效应和扩散效应，城市群内部发展速度加快，城市规模不断扩大，经济实力增强。

随着云南省城镇化进程的加快，必须要统筹六大城市群的规划建设，提升城市群的主体作用，发挥城市群拉动经济增长和促进区域合

---

① 顾朝林：《城市群研究进展与展望》，《地理研究》2011年第5期。

作的优势,实现区域内互动发展。推进六大城市群的协调发展,要重点发展滇中城市群,加快发展滇西城镇群和滇东南城镇群,培育发展滇东北城镇群、滇西南城镇群和滇西北城镇群。在做大、做强大城市的同时,积极培育发展和做优中小城市,形成大、中、小城镇协调并举的城镇化发展方向。通过统筹区域内产业布局、市场体系、基础设施、信息共享、公共服务和环境保护等,促使云南省形成新型城镇化的空间格局,使六大城市群成为未来云南省新型城镇化建设的主要方向和着力点。

(一)滇中城市群

滇中城市群地处云南省中部,是云南省经济最发达、最活跃的区域,包括昆明、曲靖、玉溪和楚雄4个市州。滇中城市群是国家层面的重点开发区域,是我国面向西南开放桥头堡的核心区域,面向东南亚、南亚开放的重要门户,连接东南亚和南亚国家陆路通道的重要交通枢纽,是西南地区经济发展的重要增长极,是云南省加速推进城镇化建设的核心区域。如表7-5所示,2014年,全省地区生产总值为12814.59亿元,仅昆明、曲靖、玉溪和楚雄四市州就达到了7151.84亿元,占据了云南省经济总量的半壁江山以上,占全省的55.81%;昆明市人均GDP更是达到56236元,在省内处于遥遥领先的位置。由此可见,滇中四市州在云南区域经济中起着绝对的支柱作用。到2020年,滇中城市群的发展目标是建成城镇人口1150万,常住人口城镇化率达到60%,城市建设用地规模1150平方千米。①

表7-5　2014年云南省各市州地区生产总值、人口、人均GDP统计

地区	地区生产总值(亿元)	人口（万）	人均GDP（万元）
全省	12814.59	4713.90	27264
昆明市	3712.99	662.60	56236
曲靖市	1548.46	600.90	25844
玉溪市	1184.73	235.10	50500

---

① 参见《云南省新型城镇化规划（2014—2020年)》。

续表

地区	地区生产总值(亿元)	人口（万）	人均GDP（万元）
保山市	503.09	256.70	19648
昭通市	669.51	538.70	12480
丽江市	269.68	127.50	21202
普洱市	476.95	259.40	18422
临沧市	465.12	249.30	18710
楚雄州	705.66	272.80	25886
红河州	1127.09	462.00	24473
文山州	615.87	359.30	17208
西双版纳州	306.02	115.70	26507
大理州	832.33	352.70	23656
德宏州	274.20	126.40	21857
怒江州	100.12	54.10	18540
迪庆州	147.21	40.70	36187

资料来源：《云南统计年鉴》（2015），经过笔者整理。

在云南省未来的城镇化建设中，要重点发展滇中城市群，提升其对全省经济社会的辐射作用，形成"一核三极一环一轴"空间结构体系。[①]"一核"是指昆明都市区，包括昆明主城区及呈贡新区、安宁、富民、嵩明、澄江、宜良、晋宁、海口新城等区域，是滇中地区发展的核心区域，应大力发展以金融、物流、旅游、商贸为代表的现代服务业、先进装备制造业和高新技术产业，建设以昆明为中心的城际铁路、公路、航空综合交通网络，利用长水国际机场作为连接东南亚和南亚地区的国家门户重要枢纽地位，抓住高铁通车后给云南省旅游业发展带来的机遇，发挥昆明作为云南省旅游集散地的地位，扩大对滇中地区的辐射范围和带动作用。"三极"是曲靖、玉溪和楚雄三个中心城市和周边紧密发展的三城市都市区范围，作为滇中地区的次级中心，这三个城市应深化与昆明的发展互动，与昆明形成功能分配合

---

① 云南省政府：《滇中城市经济圈一体化发展总体规划（2014—2020）》，2014年。

理，产业分工协作协调，资金、技术、人才相互流通的良好发展局面。曲靖市作为滇中城市群的东部增长极，是连接云南、四川、贵州、广西四省区的重要节点城市，利用农业生产资源的优势和条件，大力发展现代农业，以工业强市为目标，大力发展重化工业，实现三次产业的协调发展；玉溪市作为滇中城市群的南部增长极，拥有亚洲最大的烟草产业基地，著名的红塔烟草集团有限责任公司就位于玉溪市，在重点发展卷烟业的同时，要建设生态宜居城市，大力发展休闲观光旅游业，由于玉溪距离昆明较近，可以分担昆明城区的部分功能，昆明、玉溪两城互动发展，实现昆玉一体化；楚雄州在滇中城市群四市州中发展相对落后，要大力发展农副产品加工产业、民族文化产业，打造生物制药、新能源材料、冶金化工等产业基地建设。在实现次中心城市发展的同时，带动周边小城镇发展。"一环"是指以昆明都市区绕城线建设的内环公路，形成以昆明为中心的半小时交通圈，分散主城区资源、人口和交通压力，促使产业向富民、嵩明、宜良、石林、澄江等周边地区疏散，在减轻昆明城区压力的同时，实现昆明与周边地区的共同发展。"一轴"是指中国—东南亚发展轴，东与我国中东部地区相连，南与东南亚各国相通，在我国"一带一路"倡议下有着十分重要的位置。

滇中城市群在经济规模、城市建设、产业层次、科技创新等方面，相比全国其他城市群还存在一定的差距，不仅落后于成渝城市群，而且也面临与云南接壤的广西北部湾城市群强有力的竞争。滇中城市群相比省内其他五个城市群有着更为完善的产业体系和基础设施、更为完备的人才优势，要大力支持和重点发展滇中城市群，构建滇中城市经济圈一体化发展战略。滇中城市群聚集了全省大部分高校、科研院所和高层次人才，城镇化率和城镇化发展水平远远领先省内其他区域，滇中城市群的发展壮大可以加快云南省城镇化进程。要进一步强化昆明作为云南省区域增长极的核心地位，打造曲靖、玉溪、楚雄三市州成为东、南、西部重要的增长极，使滇中城市群成为云南省经济快速发展的引擎和实现区域协调发展的重要支点，促进云南省人口城镇化、工业化的协调发展。

滇中城市群作为正在形成中的国家级城市群，不仅在云南省内具有重要的政治经济地位，更应该作为开放经济条件下云南新型城镇化龙头，参与、引领和支撑云南新型城镇化的发展。

(二) 滇东北城市群

滇东北城市群包括昭通市和曲靖市的会泽县。滇东北这一区域是我国长江上游重要的生态屏障，处于云南、贵州、四川三省交界处，是云南连接成都、重庆、贵阳等西部中心城市的重要节点，是攀西—滇东北—六盘水经济带重要的新型工业基地，是全省重要的能源、重化工产业基地。滇东北城市群的建设对增强云南、贵州、四川三省交界区域的可持续发展能力、改善人民生活水平具有积极影响。2014年，昭通市和会泽县地区生产总值 829.6 亿元，仅占全省的 6.47%；区域总人口 631.94 万，占全省的 13.41%；人均 GDP 为 13128 元，仅仅是全省人均 GDP 的一半左右。昭阳区和鲁甸县的 GDP 分别为 201.33 亿元和 44.35 亿元，人口数量分别为 81.71 万和 40.60 万，就昭鲁中心的发展现状来说，无论是地区经济发展水平还是城市人口数量都处于较低水平，城市规模只能达到中等城市的标准。到 2020 年，滇东北城市群的发展目标是拥有城镇人口 250 万、常住人口城镇化率 40%、城市建设用地规模 250 平方千米的城市群。①

滇东北城市群采取"分区整合，轴线统筹"的城市群空间发展战略，整合区内产业、交通、资源，将滇东北区域形成一个有机发展的整体。滇东北城市群中心城区以昭阳区和鲁甸县一体化为核心，未来城镇群总体空间结构概括为"一主三副七点，一轴四区两带"。②"一主"是指以昭阳区和鲁甸县为城市群建设的核心区域；"三副"是指水富、镇雄和会泽三县作为区域发展的副中心城镇；"七点"是指绥江、盐津、永善、巧家、大关、威信和彝良七县作为区域经济发展的重要增长点；"一轴"指中部城镇发展轴，依托公路铁路网，串联会泽、昭阳、鲁甸、大关、盐津、水富等区域并形成综合经济发展轴；

---

① 参见《云南省新型城镇化规划（2014—2020 年）》。
② 云南省政府：《滇东北城镇群规划（2011—2030 年）》，2011 年。

"四区"是指以昭阳区和鲁甸县为中心和水富、镇雄、会泽为副中心的四个区域,作为滇东北城市群发展的重心;"两带"是指沿金沙江城镇带和新型工业化城镇带。

滇东北城市群还处于培育阶段,对区域的辐射和带动能力有限,尚且不能胜任区域经济增长极,城镇化水平还处于低水平发展阶段。滇东北城市群要依托自身优势,强化与滇中经济圈、成渝经济圈、黔中经济圈的联系,发挥出云南省大通道的作用,不断调整和优化产业结构,将滇东北打造成云南省能源、重化工、农特产品的加工基地。

滇东北城市群靠近金沙江—长江航运通道,是云南省主动融入长江经济带发展战略的主体区域。因此,滇东北城市群未来发展的重点除加强与滇中城市群的联系外,更应该主动融入长江经济带建设。

(三)滇东南城市群

滇东南城市群包括红河和文山两州。滇东南城市群是云南省面向广西北部湾经济区和对越南经济合作交往的前沿区域,沟通中国与越南货物进出口的中转通道,是国家西南桥头堡建设试验区的前沿阵地,是云南省与东盟国家次区域合作的窗口地区,区域战略目标为打造云南区域经济增长第二极,是云南省六大城镇群中除滇中城镇群外经济增长最快、最具发展潜力的区域。滇东南城市群拥有以烟草和三七为代表的高原特色农业产品,以冶金化工作为优势产业的制造业基地。2014年,红河和文山两州地区生产总值为1742.96亿元,人口数量821.30万,人均GDP为21222元,到2020年,滇东南城市群发展目标是拥有城镇人口480万、常住人口城镇化率为52%、城市建设用地规模480平方千米的城市群。①

滇东南城市群将实施"强化中心、双核驱动;点轴推进、区域联动"的城镇群空间发展战略,采用点轴开发模式,着力构建"一心双核三圈层、三轴七向多支点"的城镇空间结构。② "一心"指"个开

---

① 参见《云南省新型城镇化规划(2014—2020年)》。
② 云南省政府:《滇东南城镇群规划(2014—2020年)》,2014年。

蒙建"和"文砚平丘"两个子城镇群实现一体化发展,共同构成滇东南的发展核心;"双核"以"个开蒙建"为滇东南城市群的发展主核,"文砚平丘"作为城市群的发展次核;三圈层包括核心圈层、拓展圈层和辐射影响圈层,核心圈层还是由"个开蒙建"和"文砚平丘"两大城市圈构成,拓展层是从核心圈层的中心向外围扩展,主要包括弥勒、河口、石屏、富宁、麻栗坡等重点县城,辐射影响圈层主要是位于滇东南城市群的外围区域;"三轴"是指以"大"字形的主要交通干线为三条发展主轴;"七向"是指通过交通干线的连接,将滇东南城市群与周边形成有机联系的整体,东部与广西百色和北部湾城市群相连,东北方向与贵州相连,西北区域与西部和玉溪相连,西南区域和南部都与越南边境相连,北部与滇中相连;"多支点"是指在核心区的东南西北四个方位,沿交通干线形成位于拓展圈层的四个重要支点,东部以富宁为支点、南部以河口和麻栗坡为支点、西部以石屏为支点、北部以弥勒和泸西为支点,共同构筑起滇东南城市群发展的外围支点。

滇东南城市群城镇化发展还处于初级阶段,"个开蒙建"子城市群发展速度较快,以两大城市圈为核心的子城镇群辐射和带动作用还较弱,要利用滇东南的区位条件,以河口口岸、金水河口岸、天保口岸三个云南省一类口岸为依托,大力发展边境贸易,构建云南省面向东盟、北部湾地区的商贸物流基地。

在云南省内,滇东南城市群的发展基础仅次于滇中城市群,区内现已开通云贵铁路、昆河铁路及多条高速公路,拥有河口口岸、金水河口岸和天保口岸三个一类口岸。因此,滇东南城市群的发展需要主动融入"21 世纪海上丝绸之路"和中国—中南半岛经济走廊之中。

(四) 滇西北城市群

滇西北地区地处滇、川和藏三省交界区域,位于世界屋脊青藏高原南延的横断山区,金沙江、澜沧江和怒江三江并流区域,有着全省重要的水能基地和矿产资源开发区,区域内生态环境较脆弱,是国家重要的生态功能保护区和重要的生态安全屏障。滇西北地区拥有众多的少数民族，拥有丰富的动植物资源和多种珍稀濒危动物，是生物多样性、少数民族文化保护的重点区域。滇西北独具特色的、丰富的旅游资源吸引了国内外无数的旅游者，是全国乃至世界级的精品旅游胜地。滇西北三市州2014年地区生产总值517.01亿元，人口222.3万，在经济总量、人口规模上都较小，城市群还处于培育发展阶段，2020年，城镇化发展目标是拥有城镇人口90万、常住人口城镇化率为40%、城市建设用地规模90平方千米的城市群。

滇西北城市群包括丽江、迪庆和怒江三市州，滇西北城市群根据区域资源环境承载能力较弱的特点，严格控制城镇建设用地规模，科学合理地进行城镇空间布局，以中小城市为发展重点，壮大中小城市，发展特色小城镇，优化城镇空间格局。按照"非均衡布局、多元化组织、协调化发展"的空间布局理念，依托主要交通干线，坚持生态文明建设目标，形成"三极、三轴、三区"为主体的城镇空间结构。①"三极"是指丽江、香格里拉、泸水三个增长极，培育丽江作为滇西北地区的主中心，发挥区域交通枢纽作用，成为带动滇西北发展的中心城市；培育香格里拉作为滇西北北部山区发展的增长极，发挥滇藏经济走廊的通道作用；培育泸水作为怒江流域发展的增长极，发挥片马边境口岸的优势，扩大对外开放。"三轴"是指川滇发展轴和滇藏发展轴、怒江流域发展轴；"三区"包括形成区域内城镇化集中发展区、流域协调发展区和山地分散发展区，避开生态环境脆弱区域，选择交通便利、环境承载能力强的区域作为开发区域，将丽江、香格里拉和泸水三个中心城区以及永胜、华坪、宁蒗、兰坪等区域作为城镇化建设的重点区域，引导资源、产业向这些区域聚集，促进区域经济的可持续增长和生态环境保护。

滇西北城市群还处在培育阶段，在坚持绿色发展战略的基础上，合理控制人口和城镇化规模，提高城镇化水平和质量，使滇西北成为区域经济发展和生态环境保护相互协调的示范区，使滇西北城市群成为云南区域经济增长的重要一极。

---

① 云南省政府：《滇西北城镇群规划（2014—2030年）》，2014年。

(五) 滇西城市群

滇西地区是我国面向西南开放重要桥头堡建设的重要窗口，是连接缅甸、南亚和印度洋的黄金通道，拥有边疆、民族特色的火山热海边界旅游区和国内外著名的休闲旅游胜地，是以发展外向型产业、民族文化旅游业、特色农业为代表的产业基地，是支撑云南省经济发展的重要增长极。2014年，滇西城市群地区生产总值达到1688.53亿元，人口总量776.07万，人均GDP为21757元。到2020年，滇西城市群的发展目标是拥有城镇人口360万、常住人口城镇化率达到48%、城市建设用地规模360平方千米的城市群。

滇西城市群的范围涵盖大理、德宏和保山三个市州和怒江州的泸水、兰坪两县，实施以"生态安全、极化增长、外向型主导、交通先导、特色化产业、城乡有序统筹、跨区域竞合"为城市化发展战略，打造"一脊两轴、两核一区"的城镇空间结构①，优化城镇空间结构，推动滇西城镇化进程协调发展。"一脊"是指西出南亚的国际大通道发展脊带，滇西城市群要利用自身优越的地缘区位条件，积极拓展国内国外两个市场，扩大对外开放和合作，加强与缅甸、孟加拉国、印度等国家的经济联系，通过区域内产业、贸易和投资领域的合作，积极实现次区域经济合作。"两轴"中的"西轴"是指隆腾芒都市圈—缅甸密支那的跨区域发展轴，"东轴"是指连接滇西南—大理—丽江的区域发展轴。"两核"是指大理都市圈和隆腾芒都市圈，以大理主城、祥云、弥渡、宾川、巍山和以隆阳区、腾冲、芒市、龙陵构成的半小时交通圈共同组成两大都市圈的核心圈层，扩大核心圈层的向外辐射范围，大力发展漾濞永平、南涧、洱源和以梁河、盈江、陇川、施甸、昌宁构成的紧密圈层，积极发展以鹤庆、剑川、沿边口岸、特色小城镇构成的外围圈层。"一区"是指瑞丽国家重点开发开放试验区，通过创新体制机制，提升开发开放水平，大力发展进出口贸易、旅游、特色农业等优势产业，把试验区建成中国云南面向缅甸的边境贸易中心、中国西南对外开放的重要国际陆港、中国西南面向

---

① 云南省政府：《滇西城镇群规划（2011—2030年）》，2011年。

南亚东南亚的国际文化交流窗口、中国西南沿边统筹城乡发展示范区和睦邻安邻富邻示范区。

根据滇西城市群的资源和产业条件，可以划分为六大产业密集区。大力发展以大理和洱源为核心的生物资源创新产业密集区，以大理、祥云、隆阳和腾冲为核心的先进制造业密集区，以芒市、隆阳和腾冲为核心的外向型产业密集区，以腾冲、瑞丽、盈江、陇川、巍山和弥渡为核心的地区特色产业密集区，以腾冲、瑞丽和大理为核心的旅游及配套服务业产业密集区，以大理和隆阳为核心的商业金融服务密集区。通过六大产业带动发展，使滇西城市群成为云南省区域经济增长的又一重要增长极。

(六) 滇西南城市群

滇西南城市群是我国面向西南开放重要桥头堡的先行区，是中国参与澜沧江—湄公河次区域合作的试验区，是中国与东南亚经济文化紧密联系的纽带，是一个具有丰富珍稀动植物资源的热带基因宝库，是吸引国内外众多旅游者的、最具民族风情的沿边旅游目的地，是面向泰国和老挝的重要商贸集散地。2014 年，滇西南城市群地区生产总值为 1248.09 亿元，人口 624.4 万，人均 GDP 为 19989 元，到 2020 年，滇西南城市群的发展目标是拥有城镇人口 300 万、常住人口城镇化率达到 46%、城市建设用地规模 300 平方千米的城市群。①

滇西南城市群包括普洱、西双版纳和临沧三个市州，构建分工协作、布局合理的城镇体系，形成"两核、四极、四轴"的城镇空间结构。② "两核"是指普景都市区和临沧都市区两个发展核心，普景都市区包括普洱、景洪中心城区，是滇西南城市群发展的核心区域；临沧都市区是指临沧中心城区及周边紧密发展的城镇聚集区，是滇西南发展的北部核心区。"四极"是指构建磨憨—勐腊、孟连—澜沧—西盟、孟定—镇康—沧源和云县—凤庆 4 个区域经济增长极。"四轴"是滇西南城市群产业聚集、城镇密集分布的 4 条发展轴，"昆曼经济

---

① 参见《云南省新型城镇化规划 (2014—2020 年)》。
② 云南省政府：《滇西南城镇群规划 (2012—2030 年)》, 2012 年。

走廊"发展轴是北连昆明、南接东南亚的发展主轴,"昆孟国际大通道"发展轴是云南与南亚、印度洋地区连接的便捷通道,"沿边对外开放经济带"发展轴是云南与越南、缅甸和老挝三国边境地区产业密集分布和联系的经济带,"广瑞经济走廊"是两广地区与滇西南经济合作的重要通道。

滇西南城市群目前还处于培育阶段,通过提升区域中心城市的辐射带动,鼓励中小城市的快速发展,积极承担产业转移,不断优化产业结构,增强经济实力,使滇西南城市群成为支撑云南区域经济增长的重要增长极和我国面向东南亚国家的一面窗口。

第三节 新型城镇化的产业支撑:外向型支撑产业空间布局与优化

在开放经济条件下,云南新型城镇化以交通轴线和交通网络为依托,面向孟中印缅经济走廊、中国—中南半岛经济走廊、金沙江—长江经济带、澜沧江开发开放经济带、沿缅甸—老挝—越南边境口岸经济带布局,以传统优势产业、新兴产业、特色产业为物质基础,支持和支撑云南新型城镇化的外向型成长和发展。

一 传统优势产业的布局与优化

经济发展离不开产业的支撑,在我国开放经济条件下,外向型产业处于重要地位。经济的持续发展不仅依赖于产业结构的演进,还依赖于主导产业的发展,就是追求产业结构的合理化、高度化。同时,生产力发展水平、经济发展所处的历史阶段、专业化程度高低、国际分工情况、经济规模大小和增长速度快慢等,都对产业发展和产业结构的优化和高度化有重要的影响。

产业薄弱一直是限制云南发展的软肋。目前来看,云南省已经建成了一个较为完整的工业体系。以 2014 年为例,云南省地区生产总值为 27264.00 亿元,占全国 GDP(636138.7 亿元)的 4.29%,云南经济还有很大的发展空间。与其他发达省份相比较,云南经济发展的总体水平依然落后、经济发展水平较低的根本在于产业发展,产业发展水平不高、产业结构不合理是制约云南省经济发展最突出的因素。长期以来,云南产业发展格局以原料型、资源型为主导,这样导致云南产业只能位于国际国内产业链的前端、价值链的低端。在经济发展进入新常态,以拼资源、拼环境、拼廉价劳动力的粗放式发展模式已经在当下不具有竞争力,云南传统产业及其发展模式已经难以支撑全省经济社会持续快速健康发展,因而也就造成了城镇化的经济基础薄弱的问题。

目前,国家正在实行深度对外开放政策,扩大内陆沿边开发开放,打造区域对外经济合作新格局。云南毗邻东南亚、南亚,地理位置优越,要以"一带一路"国际大通道建设为契机,发挥连接东南亚、南亚重要大通道的优势。逐步打造一个以云南为门户,大湄公河次区域合作和孟中印缅经济走廊建设为重点,涵盖东南亚、南亚的,多层次、宽领域的,区域性国际合作新格局。

(一)冶金业

由于优越的成矿条件,云南的矿产资源种类多、分布广,相对资源丰度值较高,大矿集中,中矿点多面广。据相关统计数据,截至目前,云南共发现各类矿产143种,占全国172个已发现矿种的83%,其中铅、锌、锡、磷等8种矿产保有资源储量为全国第一。固体矿产中,磷、铅、锌、锡、铜、铟、锗、镍、铂族金属、银、钛铁矿不仅保有资源储量排在全国前三位,而且是云南省既有资源优势,又有规模开发优势的矿产资源。作为矿业大省,云南在经济发展中获得了矿产资源带来的回报与效益。[1]

2014年,云南省生铁和粗钢产量为1704.9万吨、1689.1万吨,同比下降12.06%和10.38%,虽然钢铁产业的产量和产值在全国所占的比例不大,但是,在云南经济中占有重要的位置;10种有色金属产量320.43万吨,同比增加8.67%,占全国的7.25%。[2]

---

[1] 易水:《转型视角下的云南传统优势产业》,《创造》2014年第9期。
[2] 数据来源于《云南冶金年评》(2014)。

2015年，云南省生铁、粗钢和钢材产量为1235.4万吨、1418.1万吨和1695.4万吨，同比下降26.12%、16.03%和12.36%（见表7-6）；1—10月10种有色金属产量270.01万吨，同比增加6.55%，居全国第六位。[①]

2015年云南省矿业工业产值结构情况如图7-1所示。

表7-6　　2014年和2015年云南主要冶金业产品产量

	2014年产量（万吨）	比上年增长（%）	占全国比重（%）	2015年产量（万吨）	比上年增长（%）
生铁	1704.9	-12.06	2.40	1235.4	-26.12
粗钢	1689.1	-10.38	2.05	1418.1	-16.03
钢材	1935.05	-4.37	1.72	1695.4	-12.36
铁合金	133.4	1.83	3.52	68.04	-35.18
硅铁	（1—11月）10954.9吨	2.27	0.23	约0.9	
锰硅	（1—11月）387881.47吨	-12.70	3.84	约10	
镍铁合金	约20				
锰铁合金	约30				
钛铁	约10				
磷铁	约11				
铜	509488吨	24.11	6.4	（1—10月）431013.01吨	3.89
镍	（1—11月）2214.42吨	6.11	0.69	不到2000吨	
铅	451787吨	-9.21	10.70	134726.52吨	-7.50
锌	1111797吨	14.76	19.08	917139.14吨	3.94
锡	97747吨	9.04	52.30	约8	
锑	30952.23吨	-0.93	11.77	8914吨	

---

① 参见《云南冶金年评》（2014、2015）。

续表

	2014 年产量（万吨）	比上年增长（%）	占全国比重（%）	2015 年产量（万吨）	比上年增长（%）
镉	（1—11 月）28653.73 吨	6.00	11.95	约 10000 吨	
氧化铝	946739 吨	66.25	1.98	（1—10 月）820197 吨	21.43
电解铝	1000073 吨	6.78	4.10	（1—11 月）927928 吨	5.81
海绵钛和钛材	约 15		4	产量不大	
矿产黄金	约 20 吨		4.50	约 40 吨	
白银	1000 吨		4.50	约 800 吨	
铂族金属	3 吨			约 3 吨	
稀有金属	约 110 吨			约 100 吨	
工业硅	50		约 1/3	约 45	

资料来源：《云南冶金年评》（2014、2015）。

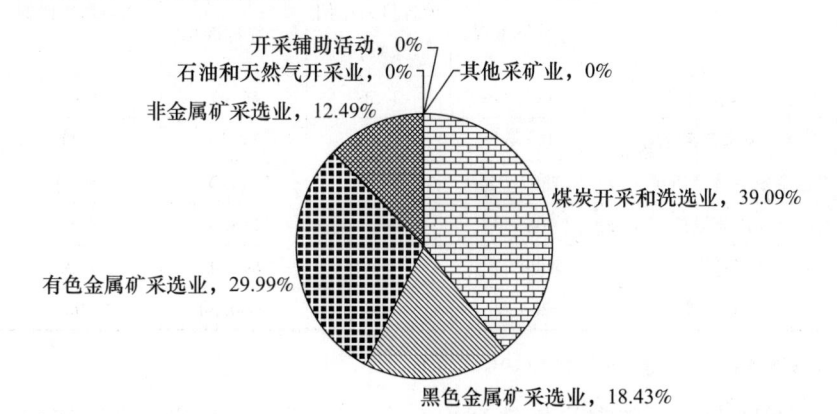

图 7-1　2015 年云南省矿业工业产值结构情况

- 开采辅助活动，0%
- 石油和天然气开采业，0%
- 其他采矿业，0%
- 非金属矿采选业，12.49%
- 煤炭开采和洗选业，39.09%
- 有色金属矿采选业，29.99%
- 黑色金属矿采选业，18.43%

资料来源：《云南统计年鉴（2015）》。

从西方发达国家和地区工业化及社会经济发展的历史经验可以看出，在工业化和城市化发展时期，即人均 GDP 从 1000—10000 美元增长期间，正是矿产资源消费的高峰期。我国 2014 年人均 GDP 为

7683.502 美元，2015 年人均 GDP 为 8027.684 美元（1 美元 = 6.9536 元人民币，2016 年 12 月 28 日）。我国目前正处于这个人均 GDP 从 1000—10000 美元的时期，同时正逢国家实施中国制造 2025 计划时期，在此期间，经济规模将进一步扩大，工业化不断推进，城镇化脚步加快，资源投入量、消耗量必然会提高，这是无法避免的趋势。

目前，我国单位 GDP 能源消耗依然较高，不仅高于绝大多数发达国家，甚至高于部分发展中国家。云南省的能耗又高于全国平均水平。有色产业和钢铁产业的能耗总量占 2014 年全省工业能耗量的 39.64%，2015 年的能耗总量有所下降。依托矿产资源丰富的优势，经过几年时间的发展，有色金属产业已成为云南支柱产业之一，是地方财政的主要来源之一（见表 7-7）。

表 7-7　云南省 2014 年和 2015 年有色产业和钢铁产业能耗

	2014 年能源消耗量（万吨标准煤）	2014 年能源消耗量占全省消耗量的比例（%）	2015 年能源消耗量（万吨标准煤）	2015 年能源消耗量占全省消耗量的比例（%）
黑色金属矿采选业	113.29	1.56	75.47	1.09
有色金属矿采选业	101.52	1.40	77.18	1.11
黑色金属冶炼及压延工业	1897.77	26.11	1349.32	19.44
有色金属冶炼及压延工业	768.30	10.57	1158.47	16.69
有色和黑色产业合计	2880.88	39.64	2660.44	38.33
全省工业	7269.69	100	6940.34	100

资料来源：《云南统计年鉴》（2015、2016）。

2014 年，全省淘汰炼铁高炉 8 座，产能 132 万吨；炼钢转炉 1 座，产能 25 万吨；炼钢电炉 2 座，产能 40 万吨；铁合金矿热电炉 15 台，产能 13.36 万吨。全面完成了工信部下达的目标任务。科技部、工信部组织制订了两套节能减排实施方案。环保部决定修改铝工业、铅锌工业等 6 项有色金属行业污染物排放标准。[①]

---

① 《云南统计年鉴（2015）》。

鉴于冶金业从2008年开始都处于一个低迷的状态,黑色金属和有色金属利润空间变得狭小,云南地处偏远,交通不便,原材料成本不能随着国际煤炭矿石价格下跌来增加利润空间,适当去产能是冶金企业继续生存的一个办法。在开放经济条件下,云南既可以利用毗邻东南亚、南亚的区位优势,开拓国际市场,也可以利用互联网,积极参与开拓海外市场。

(二)化工业

化工产业云南省的主要产业之一,经过多年发展积累,云南化工产业已形成了以磷化工为主,集化学矿采选、基本化工原料、化肥、农药、橡胶加工、有机化工、化工机械等于一体,较为完整的化学工业体系。云南的磷矿资源居于全国首位,同时磷化工业在磷矿开采、高浓度磷复肥、黄磷、热法磷酸、磷酸盐及磷化物等产品的生产方面已处于国内领先行列,以云南磷化集团为代表的磷化工是我国大型磷矿采选基地之一。

2019—2014年云南化工产业增加值及增长情况如表7-8所示。

表7-8   2009—2014年云南化工行业增加值及增长情况   单位:亿元

工业行业		石油加工、炼焦及核燃料工业	化学原料及化学制品制造业	医药制造业	化学纤维制造业	橡胶制品业	塑料制品业	橡胶和塑料制品业
2009年	工业增加值	50.59	114.86	46.97	4.39	2.8	8.04	
	比上年增长(%)	0.9	5.4	17.2	2.6	-0.9	14.7	
2010年	工业增加值	35.96	125.91	47.68	4.67	0.8	9.23	
	比上年增长(%)	15.8	17.1	12	-2.4	48.1	9.6	
2011年	工业增加值	46.29	187.3	58.61	5	1.74	10.32	
	比上年增长(%)	3.5	22.1	22.7	1.1	24.5	14.7	

续表

工业行业		石油加工、炼焦及核燃料工业	化学原料及化学制品制造业	医药制造业	化学纤维制造业	橡胶制品业	塑料制品业	橡胶和塑料制品业
2012年	工业增加值	46.81	202.21	73.89	4.56			13.09
	比上年增长（%）	-3.7	9.6	26.6	-0.2			48.9
2013年	工业增加值	42.64	187.77	89.68	5.36			22.95
	比上年增长（%）	11.6	2.6	16	11.5			67.5
2014年	工业增加值	34.19	173.16	90.18	5.72			23.26
	比上年增长（%）	-4.8	5.7	8.6	1.5			9.8

资料来源：相关年份《云南统计年鉴》。

2014年和2015年云南主要化工产品产量情况如图7-2所示。

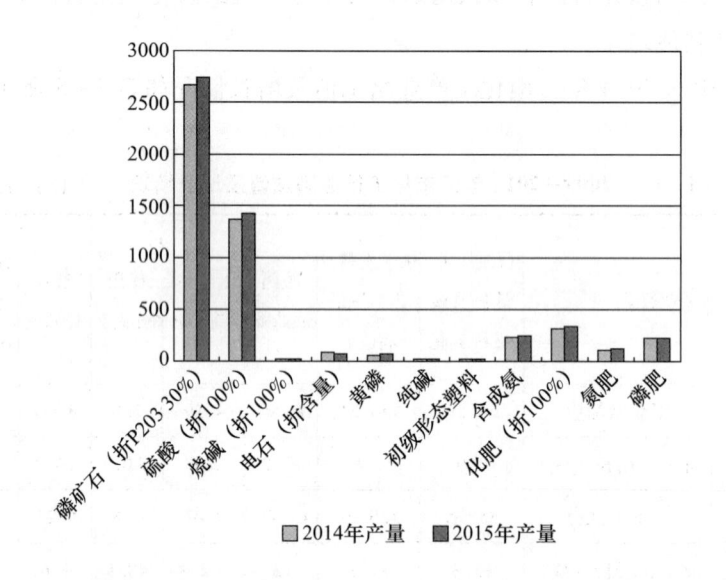

图7-2 2014年和2015年云南主要化工产品产量情况

资料来源：《云南统计年鉴》（2014、2015）。

在空间分布上，云南化工企业分布也相对集中。具体来说，主要集中布局在昆明、曲靖、红河、玉溪、楚雄、昭通等地市州。

(三) 建材工业

经过多年的发展，云南省已经能够生产包括建筑材料及制品、非金属矿及制品、无机非金属新材料三大门类在内的建材产品，建立了比较完整的建材工业体系。而且建材产业数量不断增加，品种越来越丰富，质量和档次不断提高。建材工业已成为云南省国民经济中一个重要的工业行业，在全省经济发展中的GDP增长贡献和总量贡献都很明显。

2014年，中国经济处于调整期，云南建材工业整体形势比较严峻，在这种宏观经济形势下，云南省建材工业新增产能有所遏制，同时，继续推进节能减排工作。2014年，全省建材工业总体保持平稳发展，但2015年建材工业发展所减缓（见表7－9）。

表7－9　　　　2014年和2015年云南建材工业产量

	2014年	比上年增长（％）	2015年	比上年增长（％）
水泥（万吨）	9492.64	5.40	9305.31	-1.97
平板玻璃（万重量箱）	1082.35	8.6	605.57	-44
大理石板材（万平方米）	864.75	148.2	935.73	8.2
花岗岩板材（万平方米）	59.9	270.1	143.4	139.4
钢化玻璃、中空玻璃、夹层玻璃三种技术玻璃（万平方米）	162.61		钢化212.6 中空54.9	66、150
商品混凝土（万立方米）	2269.67	15	2360.20	4
人造板（万立方米）	320.16		341.95	6.81
复合地板（万平方米）	209.09		174.38	-16.6
松香	27.78		29.6	6.56
卫生陶瓷器（万件）	29.31	297.6	26.18	-10.68
水泥预制管桩（千米）	5628.61	41.3		
水泥排水管（千米）	365.82	23		
水泥压力管（千米）	83.43	13.1		
标准砖（亿块）	21.41	48.6		
石膏板（万平方米）	4512.16	25.6		

续表

	2014年	比上年增长（%）	2015年	比上年增长（%）
瓷质砖（万平方米）	3113.72	-63		
细炻砖（万平方米）	1031.48	-36.3		
日用玻璃制品	2.19		1.99	-9.13

资料来源：《云南统计年鉴》（2014、2015），云南省建材工业行业协会。

云南省2014年建材工业淘汰落后产能270万吨，产业结构调整取得初步成效。从全行业资产总额看，云南省水泥制造行业占行业资产总额维持在2/3以上，但水泥制造行业产品销售收入占行业主营业务收入比例和主营业务利润占比都有所下降。投资总额较2013年更是降低了近10个百分点。平板玻璃制造投资额较2013年也下降近一半左右。[1] 产能严重过剩的水泥、平板玻璃产量都有所下降，低耗能、低排放的加工产品产量保持较大程度的增长，例如，商品混凝土、钢化玻璃等。

此外，云南省规模以上建材企业主营业务收入有小幅增长，但是，增速有较明显的降低。其中，水泥制造业同比降低近10%，平板玻璃也有所降低。而水泥制品、建筑陶瓷、玻璃纤维均有所增长。

鉴于国际国内市场的低迷形势，水泥平板玻璃行业需要限制产能，以遏制利润下滑势头。大力发展特种水泥、高端玻璃、新型陶瓷、生物质建材、轻质高强墙材等这种市场利润高、能源消耗少、环境污染少、未来前景好的产品。支持企业技术创新，在企业中培养具有市场灵敏度和创新精神的专业人才，在工艺生产的任何环节都要着力做到提高资源利用率，同时进行节能减排。发挥建材装备优势，抓住对外开放的战略机遇，支持企业在国际市场中占有一席之地。

（四）建筑业

2014年，建筑业在云南省国民经济中的支柱产业地位仍然突出。面对全球经济低迷，国内经济增速放缓的形势，云南省建筑业着力化

---

[1] 《云南统计年鉴（2015）》。

解矛盾和困难,确保云南省建筑业经济运行平稳增长。2014 年,全省实现建筑业产值 3054.67 亿元。建筑业在云南省 GDP 中贡献 10% 左右,总量保持递增态势,增速快过 GDP 增速,而且在全省 GDP 占有量逐年递增,是拉动全省经济增长贡献率最大的行业之一(见表 7 - 10)。

表 7 - 10　　　　　2011—2015 年云南省建筑业增加值

年份	全省地区生产总值(亿元)	比上年增长(%)	建筑业增加值(亿元)	占比(%)	比上年增长(%)
2011	8893.12	23.10213754	786.02	8.838518	26.89613
2012	10309.47	15.92635655	968.48	9.394081	23.21315
2013	11832.31	14.7712734	1182.14	9.990779	22.06137
2014	12814.59	8.301675666	1389.66	10.84436	17.5546
2015	13619.17	6.278624599	1574.77	11.56289	13.32052

资料来源:《云南统计年鉴》(2014、2015)。

2014 年 6 月,开展全省建筑业企业资质定期核查及从业人员资质证书延续工作。完成建筑施工企业资质定期核查 3648 家,合格企业为 3388 家,不合格企业为 78 家。同时,全省建筑业企业房屋建筑施工面积增加。2014 年,全省有资质建筑业企业施工房屋建筑面积为 15824.43 万平方米;2015 年,全省有资质建筑业企业施工房屋建筑面积为 15437.13 万平方米,比 2014 年减少了 2.44%。全省建筑业市场规模进一步扩大,提升了建筑业企业发展空间。

中国经济结构调整,增长模式正在发生变化,投资对经济增长的拉动作用将逐步减弱,建筑业下游需求削弱,导致建筑业行业增速放缓。鉴于如此情形,应积极发展节能建筑,推动既有建筑节能改造,全面开展绿色建筑评价标识认定。深入推进结构调整,加快投资业务发展、提高项目盈利能通过转型升级战略推动企业,强化企业技术创新主体的地位和意识,走科技兴企之路,瞄准行业前沿趋势,坚持科技领先,依靠科学技术创新,保持可持续发展能力,保持企业强劲的市场竞争力。同时，建筑业企业继续加强与地方政府在城市基础建设城市综合开发等方面多层次、多渠道、多形式的战略合作。建筑业企业间也继续加强战略合作，共同致力于市场开拓，推进合作内容，在优势互补的基础上，共同发展，增强市场竞争力。

要通过制度创新建立起现代企业制度，使企业尽快建立起规范科学的领导决策机制、财务核算及分配机制、人事管理机制、经营工作机制等新型的运行机制，增强企业活力，积极促进全省建筑业企业从粗放型向集约型方式转变。建筑企业应积极加快转变发展方式，加快转型步伐，探索适合自身的发展模式，进一步拓宽企业生存空间，支持企业实施"大市场"和"走出去"战略。

加快培育和重点打造几家大型建筑业总承包企业集团，形成建筑业的龙头企业和骨干企业。同时，积极扶持专业承包企业，大力发展劳务企业，形成大中小企业层次合理，总包、专业承包和劳务分包专业配套的结构体系。要大力落实全省建筑业发展大会精神和已经出台的一系列优惠政策，严格执行《中华人民共和国建筑法》《建设工程质量管理条例》《云南省建筑市场管理条例》等法律法规，促进云南建筑业产业的有序发展。另外，要大力解放思想，统一认识，将加快建筑业支柱产业发展作为加快全省增长方式转变的重要举措，建立和完善健全促进其科学发展的激励机制，尽快做大、做强云南建筑业支柱产业，为云南科学和谐发展提供新动力。

（五）烟草业

烟草业为云南省最为重要的支柱产业，云南省的烟草业发展水平居于全国首位，烟草产量和销量都领先于其他省份，云南省也是全国烟税大户。2014年，云南省烟草专卖局（公司）下辖16个地市级烟草专卖局（公司）、128个县级局（分公司）、5个直属企业、3个直属事业单位。截至2014年年底，公司总资产898.72亿元，固定资产年末净值75.92亿元，流动资产736.67亿元，资产负债率15.5%。2014年，省公司实现税利381.57亿元，比2013年增加37.32亿元，增幅为10.8%。实现利润230.31亿元，增加35.36亿元，增幅为18.1%。2014年，全省销售卷烟178.04万箱，比2013年增长5.02

万箱,增长 2.9%,比全国平均增幅高 0.8 个百分点;实现含税销售收入 489.42 亿元,增加 41.16 亿元,增长 9.18%。2011—2015 年,云南省烟草产量占全国的比重情况如图 7-3 所示。①

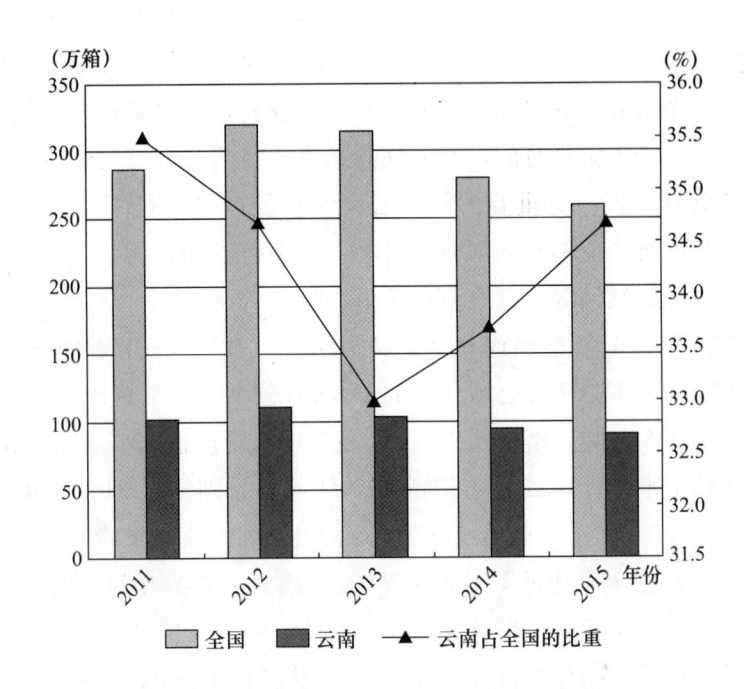

图 7-3 云南省烟草产量占全国的比重情况

资料来源:《中国统计年鉴》(2011—2015)和《云南统计年鉴》。

受国家政策的影响,云南省烟草产量有所回落。在烟草业的布局方面,重点是提升云烟品牌,将全省主要的烟草企业集团如红云红河集团、红塔集团进一步打造成为国内最大、国际领先的卷烟企业,同时为形成产业集群效应,把玉溪卷烟厂配套产业基地建成国际领先的烟草配套产业基地,在昆明建设昆明卷烟辅料交易中心。除此之外,把曲靖、楚雄、红河建成全国规模最大、特色优质的烟叶生产基地和亚洲最大的烟叶仓储基地。

---

① 《云南经济年鉴(2015)》。

（六）非烟轻工业

2014年，全省咖啡种植面积12.21公顷，比2013年增长4.7%，产量11.8万吨，比2013年有所增长；实现农业产值21.5亿元，增长38.7%；咖啡出口4.84万吨，出口创汇1.5亿美元，分别减少11.3%、增长4.2%，仍居农产品出口创汇的第三位。咖啡产业已经成为促进全省农业农村经济发展、农民增收和边疆繁荣稳定的优势特色产业。由于云南优越的地理和气候条件，目前云南已发展成为中国最大的咖啡产区，更重要的是，云南咖啡的产量占据了中国市场的99%。从咖啡产业的布局来看，目前，云南省内的普洱、保山，以及德宏、临沧、红河等地都大面积种植咖啡。

2014年，全省茶园面积39.67万公顷，比2013年增加6000公顷；开采面积35.87万公顷，增加1.87万公顷；毛茶总产量33.5万吨，增加2.5万吨，增长8.2%。实现茶叶综合产值371亿元，其中，毛茶产值111亿元，成品茶产值170亿元，分别增长31%、36%。①茶农来自茶产业人均收入2400多元，从产品结构来看，普洱茶、滇红茶产量占全省成品茶总量的71%，成为全省茶叶的主要产品。

云糖产业和云茶产业是云南除烟草以外的两大传统骨干产业。云南蔗糖品质好、糖分含量高。2014年，甘蔗种植面积33.97万公顷，产量2110.40万吨；成品糖产量为249.68万吨；甘蔗和成品糖的产量均居于全国第二位，仅次于广西，是全国重点产糖省份之一。

2014年，由于国际橡胶价格下跌、供大于求和国际经济大环境的不利影响，橡胶价格持续低迷，橡胶平均销售价格只有1.2万/吨，下跌32%。实现产值54亿元，下降28%。截至2014年年底，全省有橡胶初加工厂183座，日产干胶能力2700多吨；设计年加工能力超过90万吨，万吨以上项目企业达29家。2014年，全省天然橡胶完成补贴项目主要在西双版纳、红河、临沧、德宏、普洱、文山6个州市的16个县市。

2014年，全省粮食、油料、蔬菜、甘蔗、水果、桑蚕等种植业实

---

① 刘梦然：《2013年全省茶产业发展情况》，《云南农业》2014年第2期。

现产值 1557 亿元，比 2013 年增加 104 亿元，增长 7.1%。其中，油菜产值 27.05 亿元，增加 4500 万元，增长 1.7%；蔬菜产值 420 亿元，增加 69 亿元，增长 19.7%；甘蔗产值 96 亿元，减少 3.7 亿元，降低 4%；水果产值 148.75 亿元，增加 19.51 亿元，增长 15.1%；桑蚕鲜茧产值 22.68 亿元，增加 5100 万元，增长 2.3%。①

发展经济作物，如澳洲坚果。云南省澳洲坚果种植基地达到 400 万亩以上，重点布局在普洱、临沧、德宏、保山、西双版纳、红河、怒江等 8 个市州的 40 个县区，壳果年产量达到 100 万吨，综合年产值达 600 亿元以上。届时云南将成为全国乃至全球范围最大的澳洲坚果产业基地。

积极发展林下经济，将耕地资源最大化利用。尤其在全省的特色产业核桃、茶叶及林下经济。实施农产品创新研发模式，比如，推进木本油料作物产业的创新，充分利用互联网、电子商务、云服务平台。

在茶、咖啡种植面积扩大的同时，更应该走精深加工和品牌营销的道路，提升云南茶、咖啡这些优质产品的附加值，延伸咖啡产业链，建立享誉国内国际级的知名品牌，提高云南产品的知名度。

云南茶叶巩固全国茶行业老大地位的途径，要更多地在产业转型升级上下功夫。同时，云南茶企业现要巩固高端市场，同时又要增加对低端市场的占有，均衡发展中高档产品，利用互联网，充分提高普及度与销量。

2011—2015 年云南非烟轻工业产量及增长情况如表 7-11 所示。

表 7-11　　2011—2015 年云南非烟轻工业产量及增长情况　　单位：万吨

指标	2011年	比上年增长(%)	2012年	比上年增长(%)	2013年	比上年增长(%)	2014年	比上年增长(%)	2015年	比上年增长(%)
粮食	1755.38	12.7	1827.84	4.1	1897.61	3.8	1940.82	2.3	1969.79	1.5
油料	60.75	77.5	62.84	3.4	60.68	-3.4	64.68	6.6	65.92	1.9

---

① 《云南统计年鉴（2015）》。

续表

指标	2011年	比上年增长(%)	2012年	比上年增长(%)	2013年	比上年增长(%)	2014年	比上年增长(%)	2015年	比上年增长(%)
甘蔗	1898.78	8.4	2043.78	7.6	2146.25	5.0	2110.40	-1.7	1930.05	-8.5
水果	476.43	19.7	581.12	22.0	634.52	9.2	669.02	5.4	726.54	8.6
茶叶	23.83	15.0	27.17	14.0	30.17	11.0	33.55	11.2	36.58	9.0
猪、牛、羊肉	517.44	9.0	578.18	11.7	597.48	3.3	627.46	5.0	627.03	-0.1
水产品	54.88	13.9	68.01	23.9	78.16	14.9	87.01	11.3	93.74	7.7

（七）能源业

"十二五"期间，云南省能源产业得到了较快发展。在整个"十二五"期间，能源产业累计完成工业增加值3330亿元，能源投资完成5688亿元，能源产业成为云南全省重要支柱产业之一。在能源建设方面，2015年年底，云南全省电力装机达到8000万千瓦，西电东送能力达到了2340万千瓦；云南全省已建成油气管道2074千米；在能源生产方面，2015年，全省发电量达到2553亿千瓦时，其中，水电占总发电量的85%，生产原煤5500万吨，购进成品油1012万吨；在能源消费及送出方面，2015年，云南省内用电量1439亿千瓦时，西电东送电量1109亿千瓦时，电力国际贸易电量20亿千瓦时，销售成品油1002万吨。①

截至2014年年底，云南联网500千伏变电站24座，换流站3座，开关站2座，串补站4座，变电容量3600千伏安，输电线路1.18万公里；220千伏变电所127座，变电容量4362万千伏安，输电线路1.52万公里；110千伏安变电所458座，变电容量3298万千伏安、输电线路2.51万千米。交流500千伏电网已形成围绕滇中和滇东的"品"字形500千伏环网，并辐射延伸至滇南、滇西、滇西南、滇东北、滇西北等区域。220千伏网络已经在滇中的昆明、曲靖、玉溪、

---

① 参见《云南省"十三五"期间铁路网能源保障网和能源发展规划新闻发布会》；新华网云南：《"十三五"云南规划8大重点任务促能源产业发展》，http://www.yn.xinhua-net.com/2016original1/20161011，2016年10月11日。

楚雄和滇南的红河等负荷中心形成了颇具规模的骨干网，并覆盖到了全省 16 个市州。①

二 战略性新兴产业的布局与优化

(一) 现代生物产业

云南省是全国植物种类最多的省份，在全国主要高等植物中，云南占 60% 以上，被誉为"植物王国"。动物种类居全国之首，被誉为"动物王国"。云南的药物资源也很丰富，药用植物有 6559 种，包括植物药材 6157 种、动物药材 372 种、矿物药材 32 种。药材品种的数量和储量居全国之首，有"药物宝库"之美誉。丰富的中药材资源和深厚的民族传统医药积淀，使云南医药工业形成了近 80% 是中药、天然药、民族药生产企业的格局。2014 年，云南纳入医药行业统计的医药工业企业 153 户，规模以上工业企业 120 户，占全部医药工业企业户数的 78.4%，分布在除怒江州外的 15 个州市，但主要集中在昆明、玉溪、红河、楚雄、曲靖、大理、文山 7 个州市。初步形成了昆明国家生物产业基地核心区（昆明高新区），该区域聚集了云南全省 80% 规模以上生物企业，出现了云南白药集团、昆药集团、昆明积大、沃森生物、龙津药业等一批现代生物领军企业。

云南省现代生物产业的空间布局。以昆明为现代生物产业的主基地，抓住"一带一路"、孟中印缅经济走廊和中国—中南半岛经济走廊建设机遇，鼓励云南生物医药企业、生物育种企业开展对外合作发展，同时面向东南亚的缅甸、老挝、柬埔寨等国，积极建立境外原料种植基地；依托云南面向南亚、东南亚辐射中心建设及云南口岸建设和通关便利化，把云南建成中国医药产品和企业进入南亚、东南亚的通道；积极培育和发展国外农产品的来料加工。把现代生物产业作为战略性新兴产业支撑云南新型城镇化的外向型发展。

(二) 新能源产业

云南省地处低纬度高原，海拔大多在 1000 米以上，大气透明度好，日照时数长，拥有优质的太阳能光能资源，而且光伏发电主要使

---

① 《云南统计年鉴（2015）》。

用的生产原料硅石、锗是云南省富集的矿产资源，具有一定的优势。云南省目前拥有国际先进的太阳能电池生产技术和设备，已经可以生产高转换效率、高纯材料电子级多晶硅太阳能电池。云南省新能源产业发展的重点是：着力推进太阳能光伏产业、风力发电产业，利用已有基础做大、做强太阳能光热产业，加快培育新兴生物质能产业，同时支持配套产业发展，建立配套产业基地，利用毗邻东南亚、南亚的地理优势，开展与东南亚、南亚的新能源产业合作。

云南具备发展新能源产业的良好环境优势、资源优势和产业基础，在已有发展的基础上，云南新能源产业的发展布局具体如表7－12所示。

表7－12　　　　　　云南省新能源产业的发展布局

项目	内容
空间布局	以国家级产业化基地建设为核心，重点布局在昆明、大理、楚雄、曲靖、玉溪、红河等地区
产业链及产业集群	以骨干龙头企业为依托，培育形成太阳能光伏、风力发电、生物质能产业链；大力发展配套产业，培育产业集群，形成新的增长极
发展目标	面向南亚、东南亚市场，实施"走出去"战略，在东南亚、南亚建立新能源产业推广应用基地。鼓励云南省新能源企业"走出去"开拓东南亚、南亚市场，大力开发和推广适应当地市场的技术和产品，推动云南省新能源产业的国际化发展

（三）新材料产业

近年来，云南省新材料产业发展取得了较好成效，积累了进一步发展的良好基础。截至2014年，云南省新材料领域高新技术企业已达到80户，近三年新材料行业销售收入合计达到了2134.5亿元，完成上缴税收36.5亿元。新材料领域在培上市的高新技术企业达20户，其中，云南临沧鑫圆锗业股份有限公司、云南铜业科技股份有限公司已在中小板和"新三板"成功上市。[①]

---

① 数据来源于中国粉体网《细数云南新材料产业发展的科技支撑》，http://news.cnpowder.com.cn/35899.html。

今后一个时期，云南省新材料产业拟重点发展基础金属特种新材料、战略金属新材料、新能源材料和化工新材料，发展目标是通过大幅度提高云南省基础金属特种新材料、战略金属新材料、新能源材料和化工新材料研发与制备的自主创新发展能力，形成特色资源高技术产品、大型企业集团及其产业集群。在中长期，云南省新材料产业的发展布局具体如表7-13所示。

表7-13　　　　　　　　云南省新材料产业的发展布局

项目	内容
空间布局	以昆明国家稀贵金属新材料产业化基地、临沧国家锗材料高新技术产业化基地、红河国家锡基材料产业化基地为基础，以中越昆河铁路、昆河高速公路通道，拟建中的中缅铁路、公路通道为交通轴线，重点布局在昆明、临沧、红河等地区
产业链及产业集群	（1）基础金属特种新材料。重点发展新型铝合金、铝基复合材料，铜合金、铜基复合材料，锡基无毒钎料及其相关产品；开发钛系列产品；积极发展新型高性能锌合金等 （2）战略金属新材料。重点发展稀贵金属高纯材料、特种功能材料、电子信息材料、化合物与催化材料 （3）新能源材料。重点发展储能电池材料和铸铜转子等节能材料 （4）化工新材料。重点发展高性能磷酸盐电池新材料、磷系特种功能材料；发展生物基合成高分子材料、天然生物高分子材料等
发展目标	面向南亚、东南亚市场，鼓励云南省相关企业"走出去"开拓东南亚、南亚市场，推动云南省新材料产业的国际化发展

资料来源：云南省政府网：《云南省战略性新兴产业"十二五"发展规划》，http://www.zxbtz.cn/News2/14926.html，2014年3月24日。

（四）先进装备制造业

近年来，云南省先进装备制造业发展取得了明显成效（见表7-14），尤其是在以下三大领域特色优势开始凸显。一是汽车及新能源汽车、发电及输变电设备、数控机床、重化矿冶专用装备、农林机械在南亚、东南亚地区已形成了比较优势,具备了一定的国际竞争能力。二是大型铁路养护机械、自动化物流装备、大型高档数控机床、铁路牵引变压器、柴油发动机、高效节能电机、红外及微光夜视系统,金融电子、远程医疗设备等少数高端装备和电子产品在国内处于领先地位,成为云南拥有比较优势的战略性新兴制造业。三是锂离子电池等已形成比较完整的产业链,尤其是新能源汽车、机器人、增材制造、集成电路等新兴产业培育取得积极进展。在产值及收入方面,2015年,云南省在机械制造业领域完成了主营业务收入589.8亿元,整个"十二五"期间累计完成主营业务收入2566.67亿元;2015年电子设备制造业领域实现主营业务收入105.94亿元,电子设备制造业"十二五"期间累计实现主营业务收入430.13亿元。除此之外,云南省装备制造业投资规模保持持续高位,2015年,云南省装备工业投资174.47亿元,"十二五"期间合计完成投资额753.18亿元。①

表7-14　　云南省"十二五"时期先进装备制造业发展情况　　单位:亿元

年份	机械行业主营业务收入	电子设备制造业主营业务收入	机电产品出口额	电子产品出口额	装备工业投资总额
2011	458.00	78.53	7.38	4.10	121.69
2012	466.55	74.67	8.16	1.94	141.85
2013	534.45	81.56	9.11	1.15	158.37
2014	517.87	89.43	17.54	2.75	156.80
2015	589.80	105.94	31.95	1.82	174.47

资料来源:云南省政府:《云南省先进装备制造业发展规划(2016—2020年)》,2016年11月16日。

云南省先进装备制造业的空间布局如表7-15所示。

(五)电子信息和新一代信息技术产业

2014年,昆明区域国际通信出入口初步建成,连接缅甸、老挝等

---

① 云南省政府:《云南省先进装备制造业发展规划(2016—2020年)》,2016年11月16日。

国的国际光纤已经形成。截至 2014 年年底，云南省光缆线路长度近 50 万千米，5 条出省光缆汇入国家八纵八横光缆网。固定电话用户规模 429.8 万户，移动电话用户规模 2459 万户。云南省有线电视用户 505 万户，广播电视综合覆盖率 97%。①

表 7-15　　　　云南省先进装备制造业的发展布局

地区	工业园区或产业园区	重点企业	主要行业或产品
昆明	嵩明杨林经济技术开发区	北汽昆明新能源乘用车	新能源乘用车
	昆明高新技术产业开发区马金铺基地	昆明云锗高新技术有限公司	锗产业产品
	海口工业园区	昆明客车制造有限公司	新能源汽车
	富民工业园区豹子沟片区	昆明克林轻工机械有限公司	轻工机械
	呈贡工业园区	昆明明超电缆有限公司	特种环保电缆、超高压电缆
	呈贡七甸工业园区	昆明昆宝电线电缆制造有限公司	电线电缆
曲靖	曲靖经济技术开发区	昆明冶研新材料股份有限公司	高纯硅材料生产、光伏电站开发运营
玉溪	玉溪峨山金市工业园区	云南翔展精密机械有限公司	数控机床铸件及加工、工业机器人制造
	红塔工业园区	云南蓝晶科技股份有限公司	LED 蓝宝石衬底片生产
瑞丽	瑞丽工业园区畹町片区	北汽云南瑞丽汽车有限公司	汽车生产
	瑞丽工业园区进出口加工基地	云南银翔机车制造有限公司	摩托车生产
楚雄	楚雄经济技术开发区	云南德动汽车制造有限公司	新能源电动汽车
红河蒙自	蒙自经济技术开发区	红河云智高科技集团有限公司	智能机器人、智能家电

① 《云南统计年鉴（2015）》。

续表

地区	工业园区或产业园区	重点企业	主要行业或产品
红河河口	中国河口—越南老街跨境经济合作区	惠科电子（深圳）有限公司	平板电脑等电子产品
红河	红河	西安隆基硅材料股份有限公司	太阳能多晶硅产品
大理	大理经济技术开发区	云南力帆骏马车辆有限公司	载货汽车
	洱源邓川工业园区	云南时骏农业机械装备制造有限公司	短途纯电动车
丽江华坪	华坪工业园区	西安隆基硅材料股份有限公司	高效单晶硅棒
保山龙陵	龙陵工业园区	云南宏龙动力锂离子电池及电动汽车有限公司	动力锂离子电池
文山州砚山	砚山工业园区	鸿富锦精密电子文山有限公司（富士康科技集团有限公司）	计算机及接口设备、电子专用设备、电子产品、五金交电、玩具、文体用品及食品的生产

资料来源：云南省人民政府：《云南省先进装备制造业发展规划（2016—2020年）》，2016年11月16日。

在"三期叠加"的背景下，2011年以来，全国经济运行总体呈持续下行态势，云南电子信息产业结构调整不断优化，产业转型升级势头初显，但质量和效益增长不明显，软件和信息技术服务业影响尤深。2014年，云南省电子信息产业实现主营业务收入151.3亿元，比上年下降4.57%；实现利润10.85亿元，增长3.93%；从业人员2.42万人，增长0.59%。

2014年是发展云计算、大数据、物联网、智慧城市、移动互联网、北斗导航等新一代信息技术产业的战略机遇期，云南省抓住了这个机会，有所作为。引进浪潮集团与省能投集团合资成立了能投浪潮公司。在昆明高新区，昆明经开区启动了云计算中心项目建设。和浪潮集团签订了合作建设保山云计算产业园的协议。引进华为公司，在玉溪设立华为西南云计算中心，规划布局玉溪云产业基地，引进阿里巴巴集团，在8个领域开展深入合作。

三 区域特色优势产业的布局与优化

（一）滇中地区

滇中地区在地理空间上包括昆明市、曲靖市、玉溪市、楚雄州所辖行政区，是云南省自然地理环境最优越、开发历史最悠久、社会经济发展基础最好的地区（见表7-16）。

表7-16　　　2015年滇东南地区的经济发展及其人口

地区		地区生产总值（亿元）	生产总值占全省的比重（%）	人口（万）	人口占全省的比重（%）
云南省		13619.17	100.00	4741.8	100.00
滇中地区	昆明	3968.01	29.14	667.7	14.08
	曲靖	1630.26	11.97	604.7	12.75
	玉溪	1244.52	9.14	236.2	4.98
	楚雄	762.97	5.60	273.3	5.76
	合计	7605.76	55.85	1781.9	37.58

资料来源：《云南统计年鉴（2016）》，经过笔者整理。

从表7-16来看，滇中地区生产总值占云南全省的55.85%，人口占全省的37.58%，同时滇中地区还是云南省的政治、文化、交通中心，在云南省的社会经济发展及其新型城镇化中占有极为重要的地位。

同时，滇中城市群也是纳入国家城市群发展规划的云南省唯一一个城市群，在云南省新型城镇化建设中具有引领性作用。滇中城市群在中国面向南亚、东南亚开放发展中具有重要的地位，是"一带一路"、孟中印缅经济走廊和中国—中南半岛经济走廊建设的主体参与区域，在新型城镇化建设中，滇中地区的重点产业发展布局如表7-17所示。

表 7-17　　　　　　　　滇中地区的重点产业发展布局

地区	核心地区	重点发展产业	发展定位
昆明中心城区	五华、盘龙、西山、官渡、呈贡5区	先进装备制造、电子信息、生物医药、新材料、金融、科技及信息服务、现代物流、旅游、文化创意、会展、健康服务等产业	打造总部经济和昆明国家生物产业基地；区域性金融中心、物流中心、研发中心、旅游集散和会展服务中心；全省对外开放合作的中心城市
滇中新区	安宁工业园区、杨林经济技术开发区、昆明空港经济区	现代生物、先进装备制造、新一代信息技术、新材料、节能环保、新能源等战略性新兴产业；金融、现代物流、健康服务、文化创意等现代服务业	突出产城融合发展；创新体制机制
曲靖	曲靖都市区	煤电及新能源产业、重化工产业、有色金属及新材料产业；机械制造、生物资源开发创新、高新技术产业	打造云南现代工业基地
玉溪	玉溪都市区	休闲旅游业、高新技术产业、装备制造业、节能环保产业和现代服务业	
楚雄	楚雄都市区	新能源电动汽车、生物医药、旅游、民族文化、绿色食品加工等产	

资料来源：云南省政府：《云南省国民经济和社会发展第十三个五年规划纲要》，2016年4月22日，《滇中城市群规划（2016—2049年）》。

（二）滇东北地区

滇东北城市群在行政区划上主要包括昭通市，云南省现正积极培育以昭阳和鲁甸一体化为重点的滇东北城镇群。金沙江—长江航运通道流经滇东北，滇东北地区是云南参与长江经济带建设的主体区域之一，滇东北地区是长江上游的生态屏障，也是云南连接成渝、长三角经济区的重要枢纽型。2015年滇东北地区的经济发展及其人口、重点产业布局如表7-18和表7-19所示。

表7-18　　　　　2015年滇东北地区的经济发展及其人口

地区		地区生产总值（亿元）	地区生产总值占全省的比重（％）	人口（万人）	人口占全省的比重（％）
云南省		13619.17	100.00	4741.8	100.00
滇东北地区	昭通	708.38	5.20	543.0	11.45

资料来源：《云南统计年鉴（2016）》，经过笔者整理。

表7-19　　　　　滇东北地区的重点产业发展布局

地区	核心区域	重点发展产业	发展定位
滇东北地区	昭阳、水富、镇雄、鲁甸、彝良、会泽	有机及绿色食品加工；矿电一体化、烟草、煤化工；生物资源；特色旅游；商贸物流产业	云南省能源基地、重化工基地、烟草、农特产品加工基地

资料来源：云南省政府：《云南省国民经济和社会发展第十三个五年规划纲要》，2016年4月22日；《滇东北城镇群规划（2011—2030年）》（公示稿）。

（三）滇东南地区

滇东南地区在行政区划上主要包括红河州和文山州。该地区位于云南省城市化战略格局的东南部，是指以个（旧）开（远）蒙（自）建（水）、文（山）砚（山）丘（北）平（远）为中心，以河口、天保、田蓬、金水河等口岸为前沿的双核心组团式城镇密集区。2015年滇东南地区的社会经济发展及其人口情况如表7-20所示。

表7-20　　　　　2015年滇东南地区的经济发展及其人口情况

地区		地区生产总值（亿元）	地区生产总值占全省的比重（％）	人口（万）	人口占全省的比重（％）
云南省		13619.17	100.00	4741.8	100.00
滇东南地区	红河	1221.08	8.97	465.00	9.81
	文山	670.04	4.92	360.70	7.61
	合计	1891.12	13.89	825.70	17.41

资料来源：《云南统计年鉴（2016）》，经过笔者整理。

滇东南地区用于工业化和城市化的土地资源较为丰富，是云南省重要的冶金、烟草基地。在产业布局上，重点打造个旧—文山多金属矿业经济区。重点加快发展观光农业、矿产、烟草、生物、旅游、商贸物流、出口加工等产业。现正在为建成云南省最大的有色金属冶炼中心，打造建成滇东南锡、锌、钨、铟、铝基地，重要的生物资源加工基地和面向东南亚开放的重要地区而努力。

滇东南地区重点发展烤烟、天然药物、畜牧、亚热带水果等特色农产品，以及绿色食品工业原料基地，包括红河和文山两个州。合理开发利用滇东南地区生物资源，大力推进以三七和灯盏花为主的生物医药产业快速发展。以产业化方式，推进温热带水果、蔬菜、油茶、烤烟、特色畜产品为重点的生物农业发展，建设以木材加工和观赏苗木为主的林产业基地，建设以膏桐、油桐、能源甘蔗为主的生物质能原料基地和加工基地。

建设新能源示范基地。依托资源优势，稳步发展太阳能发电和热利用，积极开发生物质能，产业化开发天然铀资源。利用石漠化等未利用土地，发展太阳能光伏并网发电项目；善处理好风电开发与环境保护的关系，规范风电有序发展，严格进行环评，确保对环境的影响降到最小限度。

（四）滇西北地区

滇西北在行政区划上包括丽江、迪庆和怒江三个市州。滇西北地区位于全省城市化战略格局的西北部，在城镇布局上是指以丽江古城区为核心，香格里拉市建塘镇、泸水市六库镇等为支撑的据点式城镇发展区。

依托滇西北地区优越的自然和人文资源，滇西北地区在产业布局上重点发展高原特色农业、生物资源产业、自然与文化旅游、清洁能源、矿产开采与加工、轻工业和出口加工等产业，努力建成全国重要的水电基地和旅游目的地；重点发展畜牧、木本油料、野生食用菌、天然药物、特色花卉等特色农产品及绿色食品工业原料基地。

建设新能源示范基地。依托资源优势，稳步发展太阳能发电和热利用，积极开发生物质能，产业化开发天然铀资源。在丽江中部和东部区域，利用石漠化等未利用土地发展太阳能光伏并网发电项目；妥善处理好风电开发与环境保护的关系，规范风电有序发展，严格按照规划要求，重点打造香格里拉—德钦—维西—兰坪有色金属矿业经济区。

在保护生态环境的前提下，有序推进澜沧江上游、金沙江中游和怒江流域干流水电开发，整合中小水电资源，积极开发太阳能和生物质能，打造我国重要的清洁可再生能源基地。减少开发水电和矿产对生态环境的破坏，加强对城市、工业环境污染的监控和治理。

（五）滇西地区

滇西地区在行政区划上包括大理、保山和德宏三个市州。滇西地区位于全省城市化战略格局的西部，在城镇布局上是指以大理、隆阳、芒市和瑞丽为重点，以祥云、弥渡、腾冲等县城和猴桥、章凤、盈江等口岸为支撑的组团式条带状城镇密集区。

在产业布局上，滇西地区依托资源优势、区位优势和已有发展基础，可大力发展生物资源生产加工、清洁载能、珠宝玉石和出口加工等产业，巩固提升旅游产业，壮大商贸物流产业，加快发展"三头在外"的外向型产业，积极培植文化产业。

在保护生物种质资源的前提下，开展野生资源的开发和产业化利用。重点发展以粮食、核桃、咖啡、奶业、烤烟、香料烟、茶叶、蚕桑、甘蔗、油茶、石斛、畜牧等为主的生物农业及农产品加工业，建设以能源甘蔗、能源木薯、膏桐、油桐为主的生物质能原料基地和加工基地。依托甘蔗、木薯资源，建立燃料乙醇原料基地和加工基地；打造滇西"三江"有色金属基地，重点建设鹤庆—弥渡—祥云多金属矿业经济区、保山—镇康有色金属硅铁矿业经济区。

积极发挥瑞丽在我国沿边对外开放格局中的区位优势，加快推进瑞丽重点开发开放试验区建设，着力创新体制机制，大力发展进出口加工、商贸流通、旅游文化、特色农业等特色优势产业，加快一般贸易、转口贸易、加工贸易转型升级和健康发展，推动瑞丽、畹町两个现有边境经济合作区加快建设，积极创造条件，研究建立中缅跨境经济合作区、设立海关特殊监管区。积极申报，规划建设腾冲猴桥边境合作区。

新能源示范基地。依托资源优势，稳步发展太阳能发电和热利用，积极开发生物质能，产业化开发天然铀资源。在大理东部区域，利用石漠化等未利用土地发展太阳能光伏并网发电项目；妥善处理好风电开发与环境保护的关系，规范风电有序发展，严格按照规划环评要求。

在高原特色农业方面，滇西地区可以重点发展粮食、咖啡、畜牧、茶叶、木本油料、热带水果、水产品等特色农产品，打造成为绿色食品、蔗糖工业原料基地。

（六）滇西南地区

滇西南地区在行政区划上包括临沧、普洱和西双版纳三个市州。滇西南地区位于全省城市化战略格局的西南部，在城镇布局上指以景洪、思茅和临翔三个中心城市为核心，宁洱、云县、澜沧、景谷等县城为节点，磨憨、孟定、南伞、打洛等口岸为支撑的组团式城镇发展区。

在产业布局上，滇西南地区可依托自然与人文资源优势、沿边区位优势，在已有的社会经济和产业发展基础上，重点发展热区农业、高原特色农业、山地农业、旅游文化产业、生物资源、新兴能源产业、轻工产业、出口商品加工、商贸物流等产业，促进形成以绿色经济为主的特色经济和外向型加工业、工业产业区。

加强生物资源的保护与合理开发利用，强化对具有商品化开发潜力的野生动植物资源的监督管理，加快生物技术创新，重视种质资源的人工扩繁，以产业化方式，发展以茶叶、水产品、热带亚热带花卉和水果、咖啡、澳洲坚果、核桃、特色养殖业、天然橡胶、甘蔗、林产品、优质水稻等为重点的生物农业及农产品加工业，建设以能源甘蔗、能源木薯、膏桐、油桐为主的生物质能原料基地和加工基地，建设以林（竹）纸浆和松香油等林化产业为主的林产化工基地。依托流域资源，开发澜沧江干流水电，建成重要水电基地。打造澜沧—景洪铁铅锌矿业经济区发展物流产业，形成澜沧江—湄公河次区域合作物流中心、贸易中心。

（七）沿边地区

在云南省16个市州中，其中保山市、红河州、文山州、普洱市、西双版纳州、德宏州、怒江州和临沧市8个市州与周边国家接壤，因此，云南省沿边开放经济带主要包括沿边境一线的保山市、红河州、文山州、普洱市、西双版纳州、德宏州、怒江州、临沧市8个市州。

在沿边境 8 个市州中分布着腾冲、龙陵、河口、金平、绿春、麻栗坡、马关、富宁、澜沧、西盟、孟连、江城、景洪、勐海、勐腊、芒市、瑞丽、盈江、陇川、泸水、福贡、贡山、镇康、耿马、沧源 25 个沿边县市。云南的 8 个沿边境市州分别与缅甸、老挝和越南 3 个东南亚国家接壤，沿边地区国土面积约 9.25 万平方千米，占云南全省面积的 23.5%；人口占全省总人口的 14.3%，边境县市大多数属于少数民族自治县或民族自治地方，少数民族人口多、比例高，少数民族人口约占全省的 20%，地区生产总值约占全省地区生产总值的 11%；边境沿线总体而言经济发展水平相对滞后，其人均 GDP 约为全省平均水平的 70%。①

基于沿边地区的自然与人文资源禀赋、沿边开放的区位优势及其已有发展基础，沿边地区的产业发展布局设想如表 7-21 所示。

表 7-21　　　　　云南省沿边地区的产业发展布局

地区	重点开发开放区或经济合作区	重点产业或产业基地	边境特色城镇	重要口岸城镇
沿边地区	①瑞丽国家重点开发开放试验区 ②勐腊（磨憨）重点开发开放试验区 ③临沧边境经济合作区 ④磨憨跨境经济合作区 ⑤河口跨境经济合作区	①沿边能源资源加工产业基地 ②面向周边市场的出口加工基地 ③区域性国际商贸物流中心 ④烟草、蔗糖、茶叶、橡胶、水果、淡水渔业、畜牧、木本油料等高原特色现代农业 ⑤旅游、边境旅游、跨境旅游业	①特色边境城市：芒市、腾冲、景洪、普洱等城市 ②边境特色县城：龙陵、金平、绿春、麻栗坡、马关、富宁、澜沧、西盟、孟连、江城、勐海、勐腊、盈江、陇川、泸水、福贡、贡山、镇康、耿马、沧源	瑞丽、磨憨、河口、孟定等重要口岸城镇

资料来源：云南省政府：《云南省国民经济和社会发展第十三个五年规划纲要》，2016 年 4 月 22 日，经过笔者整理。

---

① 云南省政府：《云南省国民经济和社会发展第十三个五年规划纲要》，2016 年 4 月 22 日，第 28 页。

第四篇 探索与实践

第八章 云南新型城镇化探索与实践

第一节 新型城镇化试点的背景

改革开放以来，伴随着工业化进程的加快，中国的城镇化以前所未有的速度快速推进。但与此同时，传统城镇化带来的问题也随之凸显出来。2010年以来，由于国际经济形势的变化，中国经济发展进入经济转型升级的"新常态"阶段，社会发展进入全面建成小康社会的决定性阶段，城镇化也进入到深入发展的关键时期。中国共产党第十八次全国代表大会报告、《中共中央关于全面深化改革若干重大问题的决定》、中央城镇化工作会议、《中华人民共和国国民经济和社会发展第十二个五年规划纲要》以及《国家新型城镇化规划（2014—2020年）》都提出要走中国特色新型城镇化道路、全面提高城镇化质量。为此，国家发展改革委于2014年启动了国家新型城镇化的试点工作。

一 中国城镇化进展与水平

1978年以来，随着改革开放的推进，中国的社会经济获得了持续稳定的高速发展，在工业化和非农产业的支撑下，中国城镇化也获得了举世瞩目的发展成就。1978—2015年，中国城镇常住人口从1.72亿增加到7.71亿，城镇化率从17.92%提升到56.10%（见表8-1），年均提高1.03个百分点；城市数量从193个增加到656个，建制镇数量从2173个增加到20515个。① 环渤海城市群、长三角城市

---

① 本章关于城镇化的相关统计主要是指中国内地的相关统计数据及其指标，暂未包括我国香港、澳门和台湾地区，下同。

群、珠三角城市群构成的中国东部沿海城市群成为全球六大世界性城市群之一（见表8-2）。成渝城市群、中原城市群、武汉都市圈、长株潭城市群、北部湾城市群等城市群快速崛起，都市带、都市群、城市群成为带动我国经济快速增长和参与国际经济合作与竞争的主要经济载体。在中国城市和城市群快速成长的同时，城镇基础设施得到显著改善，公共服务水平明显提高，人居环境明显改善，城镇的集聚扩散效应明显释放，城乡居民生活水平全面提升，社会经济结构发生了剧烈变革。中国的城镇化成为21世纪影响世界经济的两大重大事件之一。①

表8-1　　　　　　　　1978—2015年中国城镇化进展

年份	1978	1980	1985	1990	1995	2000	2005	2010	2015
总人口（万人）	96259	98705	105851	114333	121121	126743	130756	134091	137462
城镇人口（万人）	17245	19140	25094	30195	35174	45906	56212	66978	77116
城镇化率（%）	17.92	19.39	23.71	26.41	29.04	36.22	42.99	49.95	56.10

资料来源：相关年份《中国统计年鉴》，经过笔者整理。

表8-2　　　　　　　　全球六大世界性城市群

城市群	主要城市	面积	经济地位	备注
北美五大湖城市群	包括美国的芝加哥、底特律、克利夫兰、匹兹堡，加拿大的多伦多、蒙特利尔等主要城市，该城市群集中了美国和加拿大20多个人口100万以上的大城市	约24.5万平方千米	北美五大湖城市群与美国东北部大西洋沿岸城市群共同构成了加拿大、美国及其北美的制造业带、五大钢铁工业中心	美国、加拿大两国

---

① 美国著名经济学家、诺贝尔经济学奖获得者斯蒂格利茨曾表示："21世纪影响世界经济的两大重大事件：一是美国的新技术革命，二是中国的城镇化。"

续表

城市群	主要城市	面积	经济地位	备注
美国东北部大西洋沿岸城市群	包括波士顿、纽约、费城、巴尔的摩、华盛顿等主要城市，人口超过10万人的城市40多个，200多个城镇	约13.8万平方千米，约占美国国土面积的1.5%	制造业产值约占美国的30%，是美国最大的生产基地和商贸中心、世界最大的国际金融中心	
欧洲西北部城市群	主要由大巴黎地区城市群、莱茵—鲁尔城市群、荷兰—比利时城市群构成，主要城市有巴黎、阿姆斯特丹、鹿特丹、海牙、安特卫普、布鲁塞尔、科隆等	总面积约14.5万平方千米	西欧的经济中心及主要的制造业中心	西欧多国
英国伦敦—利物浦城市群	主要以伦敦—利物浦为轴线，包括大伦敦地区、伯明翰、谢菲尔德、利物浦、曼彻斯特等主要城市	面积约4.5万平方千米，约占英国国土面积的20%	占英国近80%的经济产出，是英国的产业密集带和经济核心区，欧洲最大的金融中心，世界三大金融中心之一	
日本太平洋沿岸城市群	包括东京、横滨、静冈、名古屋、京都、大阪、神户等主要城市，形成了以东京、大阪、名古屋为核心的三大城市圈	约占日本国土面积的10%	日本太平洋沿岸城市群为日本的政治、经济、文化、交通中心，分布着日本80%以上的金融、教育和研发机构，集中了日本工业企业和工业就业人数的2/3，工业产值的3/4和国民收入的2/3	

续表

城市群	主要城市	面积	经济地位	备注
中国东部沿海城市群	包括北京、天津、上海、南京、杭州、广州、深圳等主要城市，形成了环渤海、长三角、珠三角三大城市群	约占中国国土面积的2.8%	集聚了中国18%的人口，创造了36%的国内生产总值	

资料来源：熊理然：《中国西部城市群落空间重构及其核心支撑》，人民出版社2010年版，第77页；《国家新型城镇化规划（2014—2020年）》。

二 传统城镇化面临的突出矛盾与问题

在中国城镇化取得重大进展的同时，中国传统城镇化道路也带来了一些突出的矛盾和问题，具体表现在以下五个方面。

（一）农业转移人口市民化进程滞后

改革开放以来，中国的城镇化进程是伴随着大规模农村人口进入到城镇而持续推进的。1978—2015年，中国总人口从96259万增加到137462万，净增加41203万人；城镇人口从17245万增加到77116万，净增加59871万人。但是，大量从农村和农业领域转移到城镇的人口由于受到户籍制度的影响难以真正融入城市社会，被统计为城镇人口的2.34亿农民工及其随迁家属，不能在子女教育、自身就业、家人医疗、养老保障以及保障性住房等方面享受到城镇居民的基本公共服务，市民化进程滞后。[①] 据统计，2012年，常住人口城镇化率为52.6%，而户籍人口城镇化率只有35.3%，户籍人口城镇化率滞后于常住人口城镇化率17.3个百分点，这给城镇化的持续发展带来诸多风险及其隐患。

（二）土地城镇化与人口城镇化不匹配

在传统城镇化进程中，部分地方通过县改市辖区、扩大城市建成区、新城新区、开发区、工业园区、乡改镇等手段把大量县域和农村

---

① 参见《国家新型城镇化规划（2014—2020年）》。

转换为城区，致使"土地城镇化"快于"人口城镇化"，建成区人口密度过低，城镇建设用地粗放低效，人口承载力明显不足。据《国家新型城镇化规划（2014—2020年）》的统计，1996—2012年，全国建设用地年均增加724万亩，其中，城镇建设用地年均增加357万亩；2010—2012年，全国建设用地年均增加953万亩，其中，城镇建设用地年均增加515万亩。2000—2011年，城镇建成区面积增长76.4%，远高于城镇人口50.5%的增长速度[①]，土地城镇化与人口城镇化不匹配，人口城镇化滞后于土地城镇化。

（三）城镇分布空间失衡明显

由于受到经济发展、地理环境的制约，中国城镇空间分布和规模结构失衡现象突出（见表8-3）。

表8-3　　　　　　　2015年中国城镇的空间分布

	国土面积		设市城市			建制镇		
	国土面积（万平方千米）	占全国比重（%）	设市城市数量（个）	占全国比重（%）	设市城市密度（万平方千米/个设市城市）	建制镇数量（个）	占全国比重（%）	建制镇密度（万平方千米/个设市城市）
全国	960	100.00	656	100.00	1.46	20515	100.00	0.05
东部地区	106.20	11.06	246	37.50	0.43	6545	31.90	0.02
中部地区	167.00	17.40	226	34.45	0.74	6256	30.49	0.03
西部地区	686.80	71.54	184	28.05	3.73	7714	37.60	0.09

资料来源：《中国统计年鉴（2016）》和《中国城市统计年鉴（2016）》，经过笔者整理。

从表8-3可以看出，东部地区国土面积占全国的11.06%，但集中了全国37.50%的设市城市，设市城市的密度为平均每0.43万平方千米一个设市城市；西部地区国土面积占全国的71.54%，但设市城

---

① 参见《国家新型城镇化规划（2014—2020年）》。

市只有184个,设市城市的密度为平均每3.73万平方千米一个设市城市。从建制镇的分布来看,也表现出明显的东部稠密、西部稀疏的地理分布特征。

(四)城乡建设的特色缺乏

全国绝大多数城市建设千篇一律,城乡建设的地域特色、民族特色、历史特色不鲜明,城乡建设特色缺乏。大部分城市景观结构与区域的地理特征结合不显著,城市建设与城市景观贪大求洋、照搬照抄,城市的自然和文化个性不鲜明。部分地区在进行迁村建设、小城镇建设时,照搬城市小区模式开展建设,导致小城镇、新农村建设的乡土特色和民俗文化流失。

(五)城镇建设的体制机制障碍突出

由于传统制度障碍、制度的延续影响,原有的城乡分割的户籍管理、土地管理、社会保障制度、建设投入制度使城乡二元结构依然顽固地存在并深刻地影响着城乡关系和城镇建设,依然制约着农业转移人口的实质性市民化,阻碍着城乡协调发展和城乡一体化发展。

三 国家新型城镇化试点及其进展

为解决传统城镇化面临的突出问题,国家提出了"新型城镇化"方略,出台了《国家新型城镇化规划(2014—2020年)》,并由国家发展改革委会同相关部委从2014年开始了国家新型城镇化试点工作。截至2016年年底,国家发展改革委会同11个部委已批准了总共三批国家新型城镇化综合试点地区(见表8-4、表8-5和表8-6)。

表8-4 第一批(2014年批准)国家新型城镇化综合试点地区名单

试点类别	名单	备注
省份	江苏省、安徽省	
计划单列市	宁波市、大连市、青岛市	
省会城市	河北省石家庄市、吉林省长春市、黑龙江省哈尔滨市、湖北省武汉市、湖南省长沙市、广东省广州市、重庆市主城九区	

续表

试点类别	名单	备注
地级市（区、县）	北京市通州区、天津市蓟县、吉林省吉林市、黑龙江省齐齐哈尔市、黑龙江省牡丹江市、上海市金山区、浙江省嘉兴市、福建省莆田市、江西省鹰潭市、山东省威海市、山东省德市州、河南省洛阳市、湖北省孝感市、湖南省株洲市、广东省东莞市、广东省惠市州、深圳市（光明新区）、广西壮族自治区柳市州、广西壮族自治区来宾市、四川省泸市州、贵州省安顺市、云南省曲靖市、甘肃省金昌市、青海省海东市、宁夏回族自治区固原市	
县级市（区、县）	河北省定市州、河北省张北县、山西省介休市、内蒙古自治区扎兰屯市、辽宁省海城市、吉林省延吉市、浙江省义乌市、福建省晋江市、江西省樟树市、山东省郓城县、河南省禹市州、河南省新郑市、河南省兰考县、湖北省仙桃市、湖北省宜城市、湖南省资兴市、海南省儋市州、四川省阆中市、贵州省都匀市、云南省大理市、西藏自治区日喀则市桑珠孜区、陕西省高陵县、青海省格尔木市、新疆维吾尔自治区伊宁市、新疆维吾尔自治区阿拉尔市	
建制镇	浙江省苍南县龙港镇、吉林省安图县二道白河镇	

资料来源：《国家新型城镇化综合试点方案》（2014）。

表8-5 第二批（2015年批准）国家新型城镇化综合试点地区名单

省区市	试点地区名单	备注
北京市	房山区	
天津市	东丽区、中北镇	
河北省	威县、白沟镇	
山西省	孝义市、巴公镇	
内蒙古自治区	包头市、元宝山区、准格尔旗	
辽宁省	新民市、前阳镇	
吉林省	梨树县、抚松县、临海镇	
黑龙江省	同江市、青冈县	

续表

省区市	试点地区名单	备注
上海市	浦东新区（临港地区）	
浙江省	台州市	
福建省	永安市、邵武市	
江西省	南昌高新区、艾城镇	
山东省	章丘市、龙口市、邹城市、义堂镇	
河南省	濮阳市	
湖北省	宜都市、松滋市	
湖南省	津市市—澧县、芷江县	
广东省	茂名市、狮山镇	
广西壮族自治区	全州县、平果县	
海南省	琼海市、演丰镇	
重庆市	綦江区	
四川省	成都市、绵阳市、眉山市	
贵州省	贵安新区、遵义县、玉屏县	
云南省	红河州、板桥镇	
西藏自治区	八一镇、泽当镇	
陕西省	西咸新区、韩城市	
甘肃省	敦煌市、高台县	
青海省	西宁市、门源县	
宁夏回族自治区	平罗县、宁东镇	
新疆维吾尔自治区	榆树沟镇、北泉镇	

资料来源：《第二批国家新型城镇化综合试点工作方案要点》。

表8-6 第三批（2016年批准）国家新型城镇化综合试点地区名单

省区市	试点地区名单	备注
北京市	顺义区、延庆区、平谷区金海湖镇	
天津市	西青区张家窝镇、静海区大邱庄镇、静海区团泊镇	
河北省	唐山市迁安市、秦皇岛市卢龙县、邯郸市涉县、邢台市南和县	

续表

省区市	试点地区名单	备注
山西省	临汾市侯马市、吕梁市交城县、太原市古交市马兰镇、晋城市城区北石店镇	
内蒙古自治区	通辽市科尔沁左翼中旗、巴彦淖尔市乌拉特中旗、呼伦贝尔市鄂伦春旗大杨树镇	
辽宁省	沈阳市辽中区、本溪市本溪县、鞍山市台安县桑林镇、锦州市北镇市沟帮子镇	
吉林省	通化市梅河口市、延边州敦化市、四平市公主岭市范家屯镇、延边州珲春市敬信镇	
黑龙江省	伊春市、黑河市北安区、黑河市逊克县、绥化市绥棱县	
上海市	奉贤区、宝山区罗店镇、青浦区重固镇	
浙江省	衢州市开化县、湖州市吴兴区织里镇、绍兴市柯桥区钱清镇、金华市婺城区汤溪镇	
福建省	福州市福清市、漳州市长泰县、龙岩市上杭县、宁德市古田县	
江西省	萍乡市、赣州市、抚州市、吉安市井冈山市	
山东省	济南市、淄博市、烟台市、聊城市、潍坊市诸城市、临沂经济技术开发区	
河南省	鹤壁市、郑州市新密市、郑州市登封市、许昌市长葛市	
湖北省	荆门市、随州市、宜昌市长阳县、黄石市大冶市、襄阳市老河口市	
湖南省	湘潭市、郴州市、永州市祁阳县、永州市东安县芦洪市镇	
广东省	韶关市、潮州市、肇庆市四会市、梅州市丰顺县	
广西壮族自治区	桂林市荔浦县、钦州市浦北县、百色市靖西市、南宁市横县六景镇	
海南省	澄迈县福山镇、保亭县三道镇、琼中县湾岭镇	
重庆市	永川区、璧山区、潼南区	
四川省	遂宁市、达州市、自贡市富顺县、巴中市南江县	

续表

省区市	试点地区名单	备注
贵州省	六盘水市盘县、黔西南州兴义市、黔东南州凯里市、黔南州独山县、三都县	
云南省	保山市腾冲市、楚雄州楚雄市、德宏州瑞丽市、大理州剑川县沙溪镇	
西藏自治区	日喀则市拉孜县、山南市扎囊县桑耶镇、林芝市巴宜区鲁朗镇	
陕西省	延安市、榆林市神木县、商洛市山阳县、宝鸡市岐山县蔡家坡镇	
甘肃省	白银市会宁县、天水市麦积区、庆阳市华池县	
青海省	海北州海晏县、海南州贵德县、果洛州玛沁县、海东市循化县街子镇	
宁夏回族自治区	银川市、吴忠市盐池县、石嘴山市惠农区红果子镇	
新疆维吾尔自治区	巴音郭楞州库尔勒市、吐鲁番市鄯善县鲁克沁镇、阿勒泰地区布尔津县冲乎尔镇	
新疆生产建设兵团	五家渠市	

资料来源：《第三批国家新型城镇化综合试点工作方案要点》。

国家批准相关地区开展新型城镇化试点的主要任务包括建立农业转移人口市民化成本分担机制、建立多元化可持续的城镇化投融资机制、改革完善农村宅基地制度、探索建立行政管理创新和行政成本降低的新型管理模式、综合推进体制机制改革创新等。

第二节 云南新型城镇化试点进展

国家开展新型城镇化试点工作以来，云南省各级政府及其主管部门高度重视，相关地区结合本区域特点，积极申报参与国家新型城镇化工作，三年来，新型城镇化试点工作取得了显著进展。

一 积极申报和参与国家新型城镇化试点

自2014年，国家发展改革委会同11个部委启动新型城镇化试点工作以来，云南省积极组织申报，先后三批共8个地区获得国家发展改革委会同 11 个部委批准的新型城镇化试点工作（见表 8-7）。

表 8-7　　　云南省获批的国家新型城镇化综合试点地区

批次	批准试点地区	备注
第一批	曲靖市（地级市）、大理市（县级市）	2014 年批准
第二批	红河州（地级）、板桥镇（建制镇）	2015 年批准
第三批	腾冲市（县级市）、楚雄市（县级市）、瑞丽市（县级市）、剑川县沙溪镇（建制镇）	2016 年批准

二　综合试点地区的地域特色进一步凸显

针对传统城镇化面临的矛盾和问题，尤其是城市建设千篇一律，城乡建设的地域特色、民族特色、历史特色不鲜明，城乡建设特色缺乏的问题，云南省参与综合试点的地区结合本区域的自然地理、民族文化、发展历史等特征，进一步突出了地域特色（见表 8-8）。

表 8-8　　云南省参与国家新型城镇化综合试点地区的地域特色

批次	批准试点地区	地域特色
第一批	曲靖市（地级市）	推进麒（麟）沾（益）马（龙）同城化发展的行政管理创新和扩权强镇模式
第一批	大理市（县级市）	探索城镇上山模式；建设特色浓郁的高品质的海东山地新城，积极探索适合山地城镇特点的差异化土地政策
第二批	红河州（地级）	建立城市群协同发展机制，推进同城化改革，着力打造滇南中心城市群；构建区域一体化对外开放格局，争取率先建成云南省或全国首个沿边自由贸易区
第二批	板桥镇（建制镇）	产城融合发展改革探索；优化行政区划设置，探索建立行政管理创新和行政成本降低的新型管理模式
第三批	腾冲市（县级市）	产城融合新型城镇化
第三批	楚雄市（县级市）	产城融合新型城镇化。以产兴城，打造新型工业化示范区；以城带产，打造新型城镇化示范区
第三批	瑞丽市（县级市）	沿边开放型产城融合新型城镇化
第三批	剑川县沙溪镇（建制镇）	绿色低碳新型城镇化

三 试点工作取得阶段性进展

按照《国家新型城镇化综合试点总体实施方案》的总体安排，要求第一批综合试点地区2014年年底前开始试点，并根据情况不断完善方案，到2017年，各试点任务取得阶段性成果，形成可复制、可推广的经验；2018—2020年，逐步在全国范围内推广试点地区的成功经验。第三批综合试点地区2016年年底才批准，第二批综合试点地区2015年才批准，第二批和第三批综合试点地区由于试点时间较短，因此，现主要对参与第一批综合试点的曲靖市、大理市的试点工作进展进行初步总结（见表8-9）。

表8-9 云南省参与国家新型城镇化综合试点地区的试点工作进展

批准试点地区	试点工作的主要进展	试点中面临的主要问题
曲靖市（地级市）	（1）建立农业转移人口市民化成本分担机制工作。执行"兼有两个身份、同享城乡待遇、享有五项保留、提供五项保障"（继续保留转户进城农民的农村土地承包经营权、宅基地及农房的使用权、林地承包权和林木所有权、原户籍地计划生育政策、参与原农村集体经济组织资产分红权五项权益；确保农村转户进城居民充分享受城镇保障，进入城镇住房、养老、医疗、就业、教育五大保障体系，实现保障一步到位和城乡制度之间的有效衔接，保证农民转户平稳过渡） （2）建立多元化可持续的城镇化投融资机制工作。开展了县城基础设施投融资体制改革试点、与国家开发银行共同开展曲靖市新型城镇化系统性融资规划编制工作、以曲靖市经济技术开发区为龙头申报为国家产城融合示范区 （3）改革完善农村宅基地制度工作 （4）探索建立行政管理创新和行政成本降低的新型管理模式工作 （5）综合推进体制机制改革创新工作。选择麒麟区、沾益县、马龙县作为试点，加快珠江源大城市建设	（1）认识不到位；（2）经验缺乏；（3）成本不足；（4）政策不明朗；（5）产业发展不充分

续表

批准试点地区	试点工作的主要进展	试点中面临的主要问题
大理市（县级市）	（1）建立农业转移人口市民化成本分担机制，包括推进户籍制度改革、完善城镇基本公共服务保障机制等 （2）建立多元化可持续的城镇化投融资机制，主要包括提升重点基础设施水平、全面推进金融服务改革创新工作、拓宽基础设施融资渠道等 （3）建立行政管理创新和行政成本降低的新机制，重点在于建立行政成本降低体制机制、推动产城融合发展 （4）实施新型城市建设，包括整合城乡规划体系、建设智慧城市、城市地下管廊建设和海绵城市建设、发展绿色能源、推广绿色建筑、建设人文城市等	（1）政策法规缺位导致试点中不能放开，大胆尝试新的做法 （2）顶层设计对新型城镇化试点工作的部门之间的责任划分不清，沟通协调难度较大，导致基层找不到试点的突破口和着力点 （3）基层对PPP项目的策划包装经验不足 （4）新型城镇化试点要给予一定比例的项目资金扶持

资料来源：《曲靖市国家新型城镇化综合试点工作进展情况》和《大理市国家新型城镇化综合试点进展情况报告》，经过笔者整理。

第三节　云南新型城镇化试点的典型案例
——红河州新型城镇化试点工作进展

2014年3月21日，国家发展改革委下发《关于将杭州都市经济圈、苏市州、鄂尔多斯市、泉州市、莆田市、潍坊市、红河州列为我委综合改革试点的批复》（发改经体〔2014〕491号），将红河州城镇化健康发展综合改革试点列为全国6个综合改革试点地区。2015年

11月16日，国家发展改革委联合11个部委下发了《关于公布第二批国家新型城镇化综合试点地区名单的通知》（发改规划〔2015〕2665号），红河州被列为全国第二批国家新型城镇化综合试点地区。两年来，红河州各级政府及其主管部门锐意探索、积极推进，新型城镇化试点工作取得了阶段性成效。

一 综合试点地区：红河州的基本州情

（一）地理区位

红河哈尼族彝族自治州（以下简称红河州）是全国30个少数民族自治州之一，地处云南省东南部，红河州北接云南省昆明市，东连云南省文山州，西邻云南省玉溪市，南部与越南接壤，滇越铁路（昆河铁路）纵贯南北，是泛亚铁路网东线的主要出境通道，北回归线横贯东西。红河州面积3.293万平方千米，下辖个旧市、开远市、蒙自市、弥勒市、屏边苗族自治县、建水县、石屏县、泸西县、元阳县、红河县、金平苗族瑶族傣族自治县、绿春县、河口瑶族自治县4市9县，是一个多民族聚居的边疆少数民族自治州。州府所在地蒙自市是滇南政治、经济、文化中心，个旧市是全球有名的锡都，建水县是国家历史文化名城，石屏县被誉为文献名邦，有两个国家级口岸河口和金水河。红河州还是云南近代工业的发祥地，泛亚铁路东线的滇越铁路（国内段为昆明—河口的昆河铁路）、昆明—河口高速公路［国道主干线（GZ40）内蒙古二连浩特至云南河口的云南段］是中国连接东盟的主要陆路通道，具有开放发展的良好区位优势。红河州于2015年被列为第二批国家新型城镇化综合试点地区。

（二）经济发展

改革开放以来，红河州经济发展成效显著，工农业生产水平逐年提高，人民生活显著改善，但是，由于发展基础和地理环境的制约，红河州经济发展水平与全国平均水平相比较依然存在较大差距。从表8-10可以看出，从非农产业（第二产业、第三产业）产值占地区生产总值的比重来看，2015年红河州非农产业（第二产业、第三产业）产值占地区生产总值的比重为83.46%，低于全国平均水平（91.12%）7.66个百分点；从人均GDP指标来看，2015年红河州人均 GDP 为 26345 元，只相当于全国平均水平（49992 元）的 52.70%，而元阳县的人均 GDP 为 9862 元，比全国平均水平（49992 元）低 40130 元，只相当于全国平均水平的 19.73%；从农村居民人均纯收入指标来看，2015 年红河州农村居民人均纯收入为 8599 元，比全国平均水平（10772 元）低 2173 元，只相当于全国平均水平的 79.83%。

表 8 – 10　2015 年红河州经济发展水平及其与全国平均水平的比较

区域	地区生产总值		人均 GDP		农村居民年人均纯收入	
	地区生产总值（亿元）	第二、第三产业产值占地区生产总产值的比重（%）	人均 GDP（元/人）	人均 GDP 占全国平均水平的比重（%）	人均纯收入额（元/人）	区域人均纯收入占全国平均值的比重（%）
全　国	685505.80	91.12	49992	100.00	10772	100.00
云南省	13619.17	84.91	28806	57.62	8242	76.51
红河州	1221.08	83.46	26345	52.70	8599	79.83
个旧市	205.16	93.81	43707	87.43	11707	108.68
开远市	154.09	89.01	46418	92.85	11451	106.30
蒙自市	143.93	84.72	33479	66.97	10417	96.70
弥勒市	265.77	89.82	47879	95.77	6424	59.64
屏边县	25.34	76.44	16267	32.54	10374	96.31
建水县	124.59	79.85	22818	45.64	9392	87.19
石屏县	56.06	61.06	18227	36.46	10091	93.68
泸西县	76.00	76.64	18372	36.75	9196	85.37
元阳县	40.52	69.67	9862	19.73	6426	59.65
红河县	31.00	65.42	10091	20.19	6438	59.77
金平县	42.24	75.40	11414	22.83	6444	59.82
绿春县	26.31	71.91	11428	22.86	6385	59.27
河口县	37.12	76.10	34530	69.07	9473	87.94

资料来源：《中国统计年鉴（2016）》和《云南统计年鉴（2016）》，经过笔者整理。

从表 8-10 也可以看出，红河州区域经济发展的不平衡性问题突出，地处红河州中部的个旧市、开远市、蒙自市、弥勒市经济相对发达，地处南部的屏边县、红河县、绿春县、元阳县、金平县经济发展水平相对更低。

（三）人口与民族

红河州是一个典型的边疆少数民族自治州，据 2015 年全国 1% 人口抽样调查数据，2015 年 11 月 1 日零时，红河州常住人口为 464.5 万，同 2010 年第六次全国人口普查 11 月 1 日零时的 450.1 万相比较，红河州五年共增加 14.4 万人，增长 3.2%，年平均增长率为 0.63%。红河州各县市人口分布如表 8-11 所示。

表 8-11　　红河州及各县市人口分布（2015 年）

地区	总人口（万）	地区	总人口（万）
红河州	464.5	石屏县	30.83
个旧市	47.01	泸西县	41.48
开远市	33.24	元阳县	41.18
蒙自市	43.09	红河县	30.79
弥勒市	55.67	金平县	37.09
屏边县	15.58	绿春县	23.08
建水县	54.70	河口县	10.77

资料来源：《2015 年红河州 1% 人口抽样调查主要数据公报》。

作为一个多民族的边疆少数民族自治州，2015 年，红河州常住人口中汉族人口为 198.34 万，占全州总人口的 42.7%；各少数民族人口为 266.16 万，占全州总人口的 57.3%。与 2010 年第六次全国人口普查数据相比较，红河州 2015 年汉族人口增加 5.48 万，增长 2.84%；各少数民族人口增加 8.93 万，增长 3.47%，少数民族人口增长率略高于汉族人口的增长率。

（四）城镇化发展

据 2015 年全国 1% 人口抽样调查数据，2015 年 11 月 1 日零时，红河州常住人口中，居住在城镇的人口为 198.9 万，占总人口的 42.82%，常住人口城镇化率为 42.82%；居住在乡村的人口为 265.6

万,占总人口的57.18%。与2010年第六次全国人口普查相比,常住人口中城镇人口增加37.77万,乡村人口减少22.05万,城镇人口比重上升7.02个百分点。

与全国平均水平相比较,2015年,红河州常住人口城镇化率(42.96%)比全国平均水平(55.88%)低13.06个百分点;与云南省平均水平相比较,红河州常住人口城镇化率(42.96%)比云南省平均水平(43.33%)低0.37个百分点。与云南省其他市州相比较,红河州人口城镇化水平在全省处于中等水平(见表8-12)。从红河州内各县市比较来看,周内各县市的人口城镇化水平差异也非常显著(见表8-13)。

表8-12　红河州与云南省各市州人口城镇化水平比较

地区	2000年		2010年		2015年	
	人口城镇化率(%)	与全省平均水平的差距	人口城镇化率(%)	与全省平均水平的差距	人口城镇化率(%)	与全省平均水平的差距
云南省	23.38	0	34.72	0	43.33	0
昆明	54.94	31.56	67.44	32.72	70.05	26.72
曲靖	18.84	-4.54	39.25	4.53	44.58	1.25
玉溪	27.87	4.49	42.06	7.34	47.07	3.74
昭通	11.18	-12.2	18.71	-16.01	29.19	-14.14
楚雄	20.32	-3.06	31.95	-2.77	40.44	-2.89
红河	25.57	2.19	30.67	-4.05	42.96	-0.37
文山	15.20	-8.18	22.98	-11.74	37.17	-6.16
思茅/普洱	18.30	-5.08	26.32	-8.4	38.86	-4.47
西双版纳	23.04	-0.34	33.97	-0.75	43.40	0.07
大理	18.92	-4.46	32.44	-2.28	42.21	-1.12
保山	9.90	-13.48	22.82	-11.9	32.00	-11.33
德宏	43.54	20.16	34.12	-0.6	41.66	-1.67
丽江	16.35	-7.03	28.58	-6.14	35.60	-7.73

续表

地区	2000 年		2010 年		2015 年	
	人口城镇化率（%）	与全省平均水平的差距	人口城镇化率（%）	与全省平均水平的差距	人口城镇化率（%）	与全省平均水平的差距
怒江	14.71	-8.67	23.39	-11.33	28.21	-15.12
迪庆	15.94	-7.44	24.89	-9.83	31.13	-12.2
临沧	9.12	-14.26	24.33	-10.39	36.86	-6.47

注：表中数据为当年末数据。

资料来源：相关年份人口普查或抽样调查数据，经过笔者整理。

表 8-13　　2010 年云南省人口城镇化水平的县域差异

地区	城镇化率（%）	地区	城镇化率（%）
云南省	34.72	弥勒市	39.55
红河州	30.67	泸西县	29.96
个旧市	35.57	元阳县	6.41
开远市	65.33	红河县	6.89
蒙自市	50.99	苗族瑶族傣族自治县	14.16
屏边苗族自治县	10.85	绿春县	9.75
建水县	36.35	河口瑶族自治县	36.64
石屏县	31.31		

资料来源：云南省第六次全国人口普查数据，经过笔者整理。

诺瑟姆（Ray M. Northam）基于对世界城镇化过程一般性规律的总结，概括出一个国家和地区人口城镇化的 S 形曲线规律，并把人口城镇化过程划分为三个阶段，即城镇水平较低、发展较慢的初级阶段（城镇化率为 10%—30%）、人口向城镇迅速集聚的加速阶段（城镇化率为 30%—70%）和进入高速城镇化以后城镇人口比重增长又趋向缓慢甚至停滞的后期阶段（城镇化率为 70% 以上）（见图 8-1）。[①]

---

① 周一：《城市地理学》，商务印书馆 1997 年版，第 88—89 页。

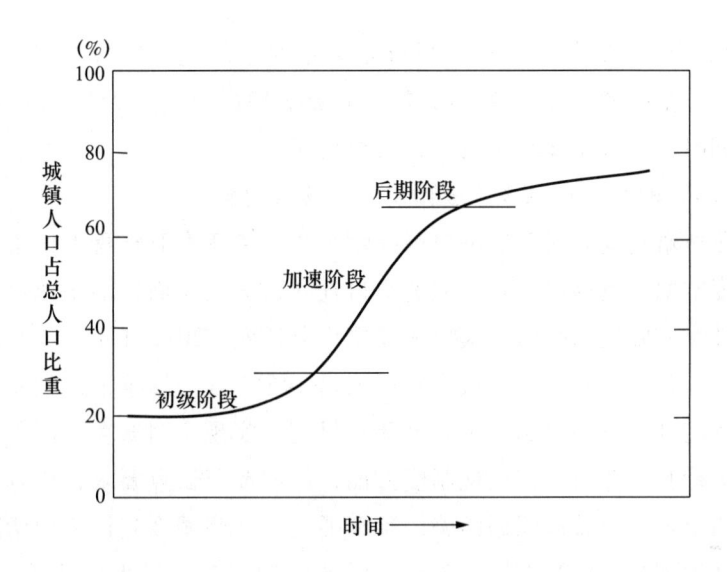

图 8-1　人口城镇化过程曲线

从城镇化发展所处阶段来看，当前，红河州人口城镇化进入城镇化发展轨迹的中期加速阶段，但各县市之间发展水平存在明显差异，发展阶段也处于不同阶段。

二　新型城镇化综合试点进展

如前所述，总体来看，红河州城镇化发展已进入到中期加速发展阶段，但同时也面临着中国传统城镇化道路所面对的突出矛盾和问题。为解决面临的矛盾和问题，红河州从 2014 年开始了新型城镇化的综合试点工作。两年来，试点工作相继取得了一定的进展和成效。[①]

（一）积极探索建立行政管理创新和行政成本降低的新型管理模式

深化行政审批制度改革，简化行政审批程序和目录。出台了《红河哈尼族彝族自治州人民政府职能转变和机构改革方案》和《红河州州级保留的行政审批项目目录》，完成红河州州级审批事项信息梳理和审核工作，进一步做好省下放的行政审批事项承接工作。开展了行

---

① 参见《推进红河州城镇化健康发展综合改革试点研究咨询报告》。

政区划调整，出台了《红河州行政区划改革实施方案（2015—2018年）》，1个区撤区设街道，11个镇撤镇设13个街道，25个乡撤乡设镇；同时，选择了210个村进行撤村设居。

（二）积极尝试综合推进体制机制改革创新

在户籍制度方面，推进户籍制度改革，拓宽农业转移人口市民化的制度空间。具体做法是：放宽户口迁移政策，全面取消城镇落户限制条件，实施红河州内外人口无障碍户籍迁入。2015年1—10月，实现迁入人员29546人，完成农转城人员14613人。继续推进城乡居民一体化的社会保障机制改革与创新，目前已实现全州城乡居民养老保险、医疗救助并轨。在土地制度方面，按照改革试点要求，统筹开展红河州土地利用总体规划修编，制定了《红河州城乡建设用地增减挂钩实施细则》，统筹解决城镇建设用地问题。在农村土地改革方面，制定出台了《红河州人民政府关于推进全州农村土地承包经营权流转的实施意见》和《红河州农村土地承包经营权流转网络平台建设方案》，农村"三权"确权登记颁证工作已全面推开，农村土地流转正有序推进。据初步统计数据，截至2015年年底，红河州共有近80.67万户农户签订了农村土地承包合同，承包的集体土地面积约366万亩，承包土地经营权流转约61.1万亩。

（三）新型城镇化的产业支撑能力进一步夯实

在现代特色农业方面，红河州北部百万亩现代高原特色农业示范区正式列入国家级现代农业示范区以及省级"四个一百"重点建设项目；除此之外，重点推进了种植业"五大基地"和畜牧业"五大基地"建设，有望培育成为引领现代农业建设的发展极和增长点，成为新型城镇化的现代农产业支撑。在现代制造业和战略性新兴产业方面，积极承接产业转移、积极引导产业园区跨越式发展，集中力量打造现代制造业和战略性新兴产业发展的新增长极。截至目前，个旧市高新技术企业已增加到10户，生物资源、新材料、新能源、化工建材等产业取得突破性发展。在第三产业方面，基于创新、协调、绿色、开放、共享的发展理念，以"全域旅游"视域推进文化—旅游—城镇融合发展，通过激活"梯田魂、古城韵、福地灵、异域情"四元素和"三千四百年"亮丽名片，几年来，重点推进了元阳哈尼梯田保护、建水古城保护恢复以及弥勒红河水乡、元阳哈尼小镇、蒙自尼苏小镇、弥勒可邑小镇建设，以文化旅游发展项目推进新型城镇化的特色发展。

（四）新型城镇化的交通轴线和网络初步形成

近年来，重点推进了1条城市轨道、2个机场、3条铁路、7条高速公路为主体的区域交通骨干网络建设。在机场方面，红河蒙自机场建设进展顺利，元阳哈尼梯田机场选址报告获得批复；在铁路建设方面，昆河铁路建成并开通客货运营，云贵铁路建成通车；在高速公路网络方面，截至2015年年底，红河州境内所有公路通车里程达到22692千米，其中，高速公路里程540千米，一级公路里程达到92.6千米，二级公路里程达到1023千米，公路密度达到每百平方千米68.97千米。其中，自2004年以来陆续建成了鸡石、通建、蒙新、新河、平锁、石锁、锁蒙、石红8条公路，高速路网基本覆盖北部地区。①

（五）探索建立多元化可持续的城镇化投融资机制

积极推进沿边金融综合改革试验区建设，依托地处边疆和沿边开放的区位优势，积极争取在本外币兑换特许、跨境人民币融资、境外机构开立人民币结算账户、经常项下个人跨境人民币结算、境外企业征信业、跨境保险合作等领域实现突破。创新城镇化投融资模式，编印了《PPP模式法律法规汇编》，建立了《红河州PPP项目储备库》，经过多方努力，滇南中心城市有轨电车等9个项目正式列入财政部第二批PPP示范项目名单。

（六）在开放经济背景下推进新型城镇化建设

主动融入和服务国家"一带一路"、中国—中南半岛经济走廊、中国—东盟自由贸易区等国家发展战略，红河综合保税区引进了北京席勒航空工业集团等企业33户，总投资达到27.5亿元。蒙自经开区累计审批入园企业（项目）20余项，总投资约23.6亿元。进一步加

---

① 《红河州南部"县县通高速"全面开建》，云南日报，http：//honghe.yunnan.cn/html/2017-01/11/content_ 4690017.htm。

强了口岸建设,积极申报获得口岸建设专项资金4986万元,其中,河口口岸建设专项资金3532万元,金平金水河口岸建设专项资金968万元,绿春平河边民互市通道建设专项资金486万元,沿边口岸新型城镇化特色进一步突出。

(七) 积极争取获得了国家"新型城镇化"专项建设基金支持

为推进和支持国家新型城镇化综合试点,国家于2015年设立了新型城镇化项目专项建设基金。目前,红河州依托列入国家新型城镇化综合改革试点区的机遇,2015年,已申请获得试点专项建设基金项目三批共9个,金额共6.67亿元,涉及项目总投资达到64.49亿元。2016年,红河州已申报第三批专项建设基金项目14个,申请专项建设基金25.18亿元,共涉及项目总投资约125.86亿元。①

三 新型城镇化试点中的部分典型案例

(一) 全域旅游视域下的旅游产业与城镇融合发展

1. 全域旅游的内涵

近年来,旅游业出现了融合化、国际化、智能化、高端化、生态化发展趋势②,全域旅游的理念全面兴起。全域旅游,又称旅游全域化,目的在于实现从单一景点景区建设管理到综合目的地统筹发展转变,实现旅游业从传统的观光旅游向休闲度假旅游转型升级背景下的一种新的面向旅游区域的旅游发展新理念和新模式。同时,通过对特定区域内的城市地域特色、社会公共服务体系、旅游吸引地物与文化资源、休闲旅游氛围、整体生态环境、政策法规和安全保障等提出整体要求,实现区域自然与人文资源的全面整合、三次产业的深度融合和全社会的共同参与,全面满足外来游客的深度体验和当地居民公共休闲的需求,达到区域旅游产业升级和新型城镇化质量提升的总体

---

① 《推进红河州城镇化健康发展综合改革试点研究咨询报告》。
② 云南省委书记、省长陈豪:《加快旅游转型升级 助力云南跨越发展》,《中国旅游报》2016年9月15日。

目标。①②

2. 全域旅游与新型城镇化

全域旅游有助于夯实新型城镇化的产业支撑基础。旅游业是典型的综合性产业，具有经济综合拉动能力强、行业产业关联度高、就业弹性和容量大等特点。全域旅游强调新型旅游业在区域统筹发展、城乡一体化发展和新型城镇化过程中的导引作用；强调新型旅游业在整个区域社会发展、经济增长、产业结构转换中的突出地位。在全域旅游理念下，旅游业与第一、第二、第三产业融合发展，三次产业与旅游业相互渗透，进一步增强了新型城镇化的多形态产业支撑。全域旅游推进旅游各要素的完善配置，延长旅游产业链，提高产品附加值。同时，旅游业还对交通运输、住宿餐饮、社会服务、吸纳就业等具有较强的综合带动和促进作用。全域旅游还可推动旅游业的转型升级，促使旅游产业发展从规模增长型发展模式向质量效益型发展模式转变。③因此，全域旅游新型城镇化引入了新的产业基础，有助于夯实新型城镇化的产业支撑。

全域旅游提升新型城镇化的软硬件环境。全域旅游摒弃单一景点景区建设管理，强调休闲度假理念，强调无景点旅游，突出树立全新的旅游资源观。同时，全域旅游理念还强调把旅游地的整个行政区当作一个大的景区来建设和打造，按照"景区与城镇一体"的发展理念，实施旅游景区景点与城镇区域一体化战略，以旅游体验、旅游景区的理念来综合规划整个区域，以极富吸引力的景点景区的品质要求来建设每个村镇，形成"城在景中、景在城中"的旅游新格局，实现旅游资源的全域覆盖。④因此，全域旅游客观上提升了新型城镇化的软硬件环境。

---

① 大地风景国际：《什么叫全域旅游？市县旅游全域化评价指南》，http：//mp. weixin. qq. com/s/Xrl5BIXaSWJA94nG7_F61g2016 年 3 月 31 日。

② 国家旅游局：《人民日报刊登李金早署名文章：全域旅游的价值和途径》，《人民日报》2016 年 3 月 4 日。

③ 大地风景国际：《什么叫全域旅游？市县旅游全域化评价指南》，http：//mp. weixin. qq. com/s/Xrl5BIXaSWJA94nG7_F61g，2016 年 3 月 31 日。

④ 同上。

全域旅游有利于打造新型城镇化的特色发展。从全域旅游的内涵来看,全域旅游杜绝千地同景,摒弃千城一面,强调城市的个性与特色。同时,要求不同区域的城镇与乡村景观风貌要具有独特性,城市建筑要富有地域特色,城市文化氛围要突出,充分挖掘传统文化,有效传承和发扬历史文化。此外,全域旅游的特色打造还要求城市景观的地域特色和文化特色,旅游商品、手工艺品、纪念品和美食小吃要差异化发展,要具有鲜明的地方特色等。① 因此,全域旅游有利于新型城镇化的特色发展。

发展全域旅游是推进我国特定地区新型城镇化和新农村建设的有效承载体。发展全域旅游可以有效地改善区域基础设施,基础设施的改善有助于促进大城市人口向星罗棋布的特色旅游小城镇有序转移;全域旅游发展过程中,乡村旅游、观光农业、休闲农业的发展能吸纳当地人口实现就地、就近就业,就地市民化。全域旅游的发展,能最大限度地促进城乡人员交往与交流,实现城市文明和农村文明的直接相融,促进农村居民提升现代文明素质,促进农村生活方式加快从传统生活方式向现代生活方式转变。②

3. 全域旅游视域下红河州旅游产业与新型城镇化的融合发展

近年来,红河州在全域旅游理念指导下,紧紧抓住红河哈尼梯田申遗成功和昆玉红文化旅游产业经济带建设契机,以"梯田魂、古城韵、福地灵、异域情"为主要元素,全面构筑产业强、产品精、业态新、品牌响、服务优的红河国际旅游文化走廊,全面实施旅游强州、文化旅游融合发展示范建设和昆玉红旅游文化产业经济带建设。③ 重点推进了元阳哈尼梯田保护、建水古城保护恢复及弥勒红河水乡等54个文化旅游发展项目。在全域旅游理念下,着重推进了元阳哈尼小

---

① 大地风景国际:《什么叫全域旅游?市县旅游全域化评价指南》,http://mp.weixin.qq.com/s/Xrl5BIXaSWJA94nG7_F61g,2016年3月31日。
② 国家旅游局:《人民日报刊登李金早署名文章:全域旅游的价值和途径》,《人民日报》2016年3月4日。
③ 云南日报云南网:《红河模式:预示经济新常态下旅游产业发展新方向》,http://yndaily.yunnan.cn/html/2015-05/24/content_9,2015年5月24日。

镇、蒙自尼苏小镇、弥勒可邑小镇等旅游小镇建设，以文化旅游发展项目推进新型城镇化的特色发展。

（二）以统筹城乡推进开远市新型城镇化发展

开远市是云南省滇南城市群个开蒙中心城市的重要组成部分，地处云南省东南部、红河州中东部。全市国土面积1950平方千米，2015年1%人口抽样调查数据显示，开远市总人口33.24万，城镇化率超过70%，主要世居民族有汉族、彝族、苗族、回族和壮族等。

在新型城镇化试点过程中，红河州开远市确定试点的主题是"创新农村社会管理和公共服务"，并把"全域发展、全民共享"作为试点的基本方针，以"城乡平等、农村和谐、农民幸福"为目标，紧紧围绕"推进城乡居民同权同利、建立良性的农村基层治理机制、增加农村居民财产性收入"三大课题，积极探索开展了户籍管理制度改革、城乡基本公共服务均等化改革、社会保障制度改革、农村社区化改革、扶持农村合作经济和社会组织发展及创新城乡公务人员配置管理机制等一系列试点工作，率先在全省推进统筹城乡改革，部分工作在全国有一定影响。

在农业转移人口市民化方面，开远市积极探索建立"一好两自由"（"一好"即原城镇、农村居民享受的好的现行政策及待遇一概不变，"两自由"即鼓励进城、入乡自由，转户后可在并行的城乡政策待遇中自由选择享受任何一种政策）的城乡双向流动制度，目前开远市累计办理"农转城"手续6.1万人，城镇居民转入农村339人。

在体制机制创新方面，开远市积极探索农村基层治理机制的改革与创新。在实施过程中，重点推进了农村社区化管理改革，探索建设不同类型的农村社区管理模式；同时，积极探索完善新时期农村组织管理与社会服务机制，通过财政补贴和开辟绿色通道等方式，鼓励农村中介组织、社会团体以及各类群众组织蓬勃发展。①

（三）开放经济背景下的口岸城市新型城镇化探索

云南省红河州拥有河口口岸、金平金水河口岸两个国家一类口

---

① 参见《推进红河州城镇化健康发展综合改革试点研究》。

岸。近年来，红河州充分发挥沿边开发开放的区位优势，围绕打造面向南亚、东南亚辐射中心，积极融入国家"一带一路"建设和孟中印缅经济走廊、中国—中南半岛经济走廊，将口岸建设与新型城镇化相融合，通过提升口岸建设、口岸通关便利化、通道规划建设管理，推进口岸城市的新型城镇化建设。据统计，2015 年 1—11 月，红河州口岸进出口货值累计 12.5435 亿美元，同比增加 47%；进出口货物 219.3795 万吨，同比增加 26%；出入境人员 377.4698 万人次，同比增加 29%；出入境交通工具 17.0567 万辆（列）次，同比增加 19%。在经济下行压力较大的情况下，全州口岸进出口额、货运量、出入境人员、交通工具 4 项指标继续保持两位数增长势头，口岸大流通效应逐步凸显。①

红河州在推进口岸建设及口岸城市新型城镇化建设过程中，高度重视交通基础设施建设，着力建设和完善口岸交通网络体系，在建设倾向上，重点完善以河口、金水河等国家一类口岸为核心、省级通道为辅助，着力建设通畅、便利、安全、高效、有序"一口岸多通道"的大通关体系。在推进口岸城市新型城镇化进程中，河口口岸依托地处边境线上"县城既口岸、口岸既县城"的地理区位，以及中国河口—越南老街跨境经济合作区"两国一城"的独特区位优势，把新型城镇化、城市建设与口岸建设有机结合。同时，通过重大项目推进新型城镇化建设，例如，河口口岸的国锋保税仓库、边民互市市场（一期）、免税商品城等一批重点项目陆续竣工投入使用，既完善了口岸开放功能，又推进了城市建设，加速了人流、物流、资金流、技术流、信息流的跨境双向流动，促进了河口口岸对外贸易与新型城镇化的良性融合发展。2015 年 1—11 月，河口铁路口岸运量 32.2 万吨，与上年同期 0.4 万吨相比，增加 31.8 万吨，创同期历史新高。② 与此同时，城镇建设也获得了显著发展。

---

① 商务部：《云南红河州口岸经济成为新动力》，http://news.eastday.com/eastday/13news/auto/news/china/20160126/u7ai5230222.html，东方网，2016 年 1 月 26 日。
② 同上。

在新型城镇化试点过程中，红河州还积极争取口岸建设资金支持，加强口岸建设力度。截至目前，红河州已申报口岸建设专项资金4986万元，其中，河口口岸建设资金3532万元，金平金水河口岸建设资金968万元，绿春平河边民互市通道建设资金486万元。口岸建设专项资金的投入在推进口岸发展的同时也促进了新型城镇化发展。

参考文献

[1] 云南省地方志编纂委员：《续云南通志长编》（下册），云南省志编纂委员办公室，1985年。

[2] 陆大道、陈明星：《关于〈国家新型城镇化规划（2014—2020年）〉编制大背景的几点认识》，《地理学报》2015年第2期。

[3] 姚士谋、张平宇、余成等：《中国新型城镇化理论与实践问题》，《地理科学》2014年第6期。

[4] 陈明星、刘卫东、叶尔肯·吾扎提等：《"一带一路"对我国城镇化发展格局的影响》，《山地学报》2016年第5期。

[5] 史本叶、罗思坦：《开放条件下的新型城镇化：外商直接投资的作用及对策》，《上海金融》2014年第7期。

[6] 顾维国、杨金江：《滇越铁路与云南近代进出口贸易》，《云南民族学院学报》（哲学社会科学版）2001年第5期。

[7] 杨俊、李雪松：《教育不平等、人力资本积累与经济增长：基于中国的实证研究》，《数量经济技术经济研究》2007年第2期。

[8] 焦秀琦：《世界城市化发展的S形曲线》，《城市规划》1987年第2期。

[9] 苏红键、朱保念、李善国：《中国城镇化质量评价研究进展与展望》，《城市问题》2015年第12期。

[10] 陈敏之：《论城市的本质》，《城市问题》1983年第2期。

[11] 生延超、钟志平：《旅游产业与区域经济的耦合协调度研究——以湖南省为例》，《旅游学刊》2009年第8期。

[12] 占丰城：《开放经济视角下舟山海洋产业升级研究》，硕士学位论文，浙江大学，2015年。

[13] 金月华:《中国特色新型城镇化道路研究》,博士学位论文,吉林大学,2016年。

[14] 范双涛:《中国新型城镇化发展路径研究》,博士学位论文,辽宁大学,2015年。

[15] 岳文海:《中国新型城镇化发展研究》,博士学位论文,武汉大学,2013年。

[16] 周笑非:《城市化与内需主导型经济增长》,博士学位论文,东北财经大学,2012年。

[17] Glaeser, E., Saiz, A., Burtless, G. and Stranger, W., *The Rise of the Skilled City*, Brookings–Wharton Papers on Urban Affairs, Brookings Institution Press, 2004, pp. 47–105.

后 记

 2013年9月和10月，中共中央总书记、国家主席习近平在访问中亚和东南亚期间先后提出了与相关国家共建"丝绸之路经济带"和"21世纪海上丝绸之路"（合称"一带一路"倡议）的伟大构想，随后得到了相关国家的积极响应。2015年，为夯实和推进"一带一路"倡议实施，中国与沿线国家一道积极规划了中蒙俄、新亚欧大陆桥、中国—中亚—西亚、中国—中南半岛、中巴、孟中印缅六大经济走廊作为"一带一路"的倡议。2015年1月，习近平总书记考察云南时指出，希望云南主动服务和融入国家发展战略，闯出一条跨越式发展的路子来，努力成为民族团结进步示范区、生态文明建设"排头兵"和面向南亚东南亚辐射中心，谱写好中国梦的云南篇章。习近平总书记的重要讲话着眼于新的时代背景和全国战略布局，为云南确定了新坐标，明确了新定位，赋予了新使命。因此，在"一带一路"倡议背景下，开放发展成为新时期云南跨越发展的重大机遇和重要使命。

 2012年1月，我从云南省曲靖市调任云南省发展和改革委员会工作。按照委党组的分工安排，我分管的工作虽然进行了几次调整，但都一直分管对外合作工作。2012年，我分管经济合作处等5个处，之后每年都有增加，2015年分管的处室达到12个（含发改委办公室、政策法规处、利用外资处、经济合作处等）和6个领导小组办公室（包括云南省泛珠三角区域合作与发展协调领导小组办公室等）。在此期间，我先后申请到省级重点课题20余项，其中，已经结题并经云南省发展和改革委员会学术委员会认定的有十多项，多项课题涉及云南的开发开放发展。2016年5月，我调任云南师范大学工作，先后主持承担了"瑞丽市沿边开放型产—城融合新型城镇化发展研究""西南边疆多民族和谐治理研究""云南边疆地区的开发开放研究""云南新型城镇化发展研究"等课题的研究工作，本书即是我近年来承担完成的相关项目的研究成果之一。

在课题研究以及本书成书过程中，杨旺舟博士、廖亚辉博士、李正博士、梁海艳博士，博士研究生张远宾、彭邦文以及硕士研究生张一方、王志鹏、任晓玲等参与了相关部分的分析研究、资料收集、数据处理、图表制作、文字校对等工作；云南省发展和改革委员会的赵波博士提供了大量的数据资料；中国社会科学出版社卢小生主任给予了大力支持与帮助，在此一并表示感谢！

值此著作出版之际，谨向文中所列参考文献的作者以及因各种原因未查询到确切著者而难以标注的相关作者表示衷心的感谢！向曾给予我帮助和支持的单位及个人致以最诚挚的谢意！

作者

2017 年 1 月于昆明